KB117421

영어 스피킹 100일의 기적

영어 스피킹 100일의 기적

지은이 제니 리
펴낸이 임상진
펴낸곳 (주)넥서스

초판 1쇄 발행 2024년 1월 25일
초판 6쇄 발행 2024년 10월 18일

출판신고 1992년 4월 3일 제311-2002-2호
10880 경기도 파주시 지목로 5
Tel (02)330-5500 Fax (02)330-5555

ISBN 979-11-6683-766-1 13740

가격은 뒤표지에 있습니다.
잘못 만들어진 책은 구입처에서 바꾸어 드립니다.

www.nexusbook.com

하루 10분, 내 생각을 영어로 자유롭게 말한다!

영어 스피킹 100일의 기적

제니 리 지음

넥서스

머리말

돌이켜 보면 저는 평생 영어 공부만 했다고 해도 과언이 아니라는 생각이 듭니다. 미국 캘리포니아로 이민을 가서 생활했던 5년, 한국으로 돌아와 외고 입시에 매진한 3년, 또 용인외대부고에서 미국 대학 입시를 준비했던 3년. 이 과정에서 영어회화, 문법, 토플, 토익, SAT, AP 등 영어와 관련해서는 안 해 본 공부가 없을 정도로 다방면으로 마스터했습니다.

제가 대학생 때 아르바이트 개념으로 저희 집에 학생들을 불러 그룹 과외를 했는데, 하루는 수업하는 것을 엿들으시던 아버지께서 이렇게 말씀을 하셨습니다. "큰 딸, 네 천직을 찾은 것 같다." 이 말이 이상하게 제 마음에 남아 한참을 어떤 의미인지 곱씹게 되었습니다. 그저 강의 실력이 좋다는 말 이상의 의미가 내포되어 있는 것 같았기 때문입니다.

수많은 생각 끝에 제가 도출해 낸 속뜻은 이거였어요. 제가 영어를 잘하게 된 것은 물론 피나는 노력도 있었지만, 우선은 영어를 공부할 기회가 계속 주어졌기 때문이었다는 것. 그동안 이런 행운을 공짜로 누렸다면, 이제는 제가 타인에게 그런 기회를 제공해야 한다는 인생의 숙제를 아버지께서 던져 주신 게 아닐까 생각했습니다.

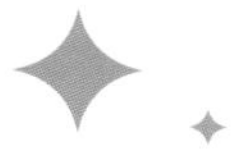

그 이후로는 영어를 가르치는 것이 단순한 돈벌이가 아닌 사명이 되었습니다. 과외 선생님으로 시작해서 나중에는 강남 대형 어학원의 스타 강사가 되었을 때도 그 사명은 변함이 없었습니다. 하물며 미국 회계 법인에서 일하며 회계사 시험을 준비하는 최근에도 그 사명을 이어가기 위해 유튜브 채널을 개설했고요. 제 채널로 인해 영어 공부의 진입 장벽이 낮아지고 더 많은 분들이 배움의 기회를 얻기를 바라며 운영하고 있습니다.

이 책 또한 여러분의 영어 공부의 길을 열어 주고 많은 기회를 가져다주는 행운의 책이 되길 바랍니다. 그리고 여러분의 영어 공부에 대한 여정을 진심으로 응원합니다.

그리고 결과를 떠나 저의 아주 작은 도전까지 항상 자랑스럽게 여겨 주시는 존경하는 아버지, 밤새 공부하던 학창 시절에 하루도 저보다 먼저 주무신 적 없이 사랑으로 응원해 주신 어머니, 제가 살아가며 이루는 모든 것들을 두 분의 공으로 돌립니다.

저자 제니 리

미리보기

기적의 100일 학습법

DAY001

I'm a morning person.

나는 아침형 인간이야.

저녁보다 아침 시간을 훨씬 생산적으로 보내는 사람들, 다시 말해 '아침형 인간'을 영어로는 'morning person'이라고 합니다. 자기소개를 할 때 "나는 아침형 인간이야."라고 하고 싶다면 이 표현을 사용해 보세요.

1 매일매일 바뀌는 **'오늘의 표현'**을 확인하고, 선생님의 설명으로 활용법을 익혀 보세요.

TODAY'S SCRIPT

I'm a morning person. I am the most productive in the morning. Let me describe my morning routine. I wake up early at around 6 AM. I immediately do some stretching to release the tension in my body. Then, I prepare a simple but healthy breakfast for myself. I usually have avocados, eggs, and a cup of coffee in the morning. After that, I study English for about 30 minutes before I go to work. This way, I can get a lot done in the morning.

나는 아침형 인간이야. 나는 아침에 제일 생산적이거든. 내 아침 루틴을 설명해 줄게. 나는 일찍 6시쯤 일어나서, 몸의 긴장을 풀기 위해 바로 스트레칭을 해. 그러고는 내 자신을 위해서 간단하지만 건강한 아침식사를 차려. 아침에는 주로 아보카도, 계란, 그리고 커피 한 잔을 먹어. 그 다음에는 출근하기 전에 30분 정도 영어 공부를 해. 이렇게 하면 아침에 참 많은 것을 해낼 수 있게 돼.

18

2 **오늘의 스크립트**를 보고 원어민의 음성을 들으며 여러 번 따라 읽어 보세요. 혼자서도 유창하게 말할 수 있게 되면 진짜 내 실력이 됩니다.

KEY EXPRESSIONS

1 **Be a morning person** 아침형 인간이다

Are you a morning person?
너는 아침형 인간이니?

I want to become a morning person.
나는 아침형 인간이 되고 싶어.

3 오늘의 스크립트에서 뽑은 **KEY EXPRESSIONS**와 예문들을 학습하면서 더욱 탄탄하게 영어 실력을 쌓아 보세요.

WORDS

productive 생산적인 describe 설명하다 around 대략 ~쯤 immediately 즉시, 당장 release 풀어 주다 tension (근육의) 긴장, 뭉침 usually 주로, 보통 this way 이렇게 하면

4 모르는 단어는 **WORDS**를 보고 학습하세요.

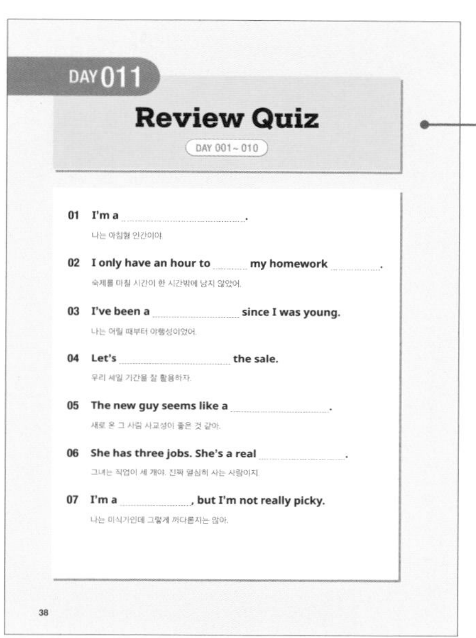

DAY 011

Review Quiz

DAY 001 ~ 010

01 I'm a ______.
나는 아침형 인간이야.

02 I only have an hour to ______ my homework ______.
숙제를 마칠 시간이 한 시간밖에 남지 않았어.

03 I've been a ______ since I was young.
나는 어릴 때부터 야행성이었어.

04 Let's ______ the sale.
우리 세일 기간을 잘 활용하자.

05 The new guy seems like a ______.
새로 온 그 사람 사교성이 좋은 것 같아.

06 She has three jobs. She's a real ______.
그녀는 직업이 세 개야. 진짜 열심히 사는 사람이지.

07 I'm a ______, but I'm not really picky.
나는 미식가인데 그렇게 까다롭지는 않아.

38

5 Day 1~10을 학습할 때마다 **Review Quiz**가 나옵니다. 앞에서 학습한 내용이 맞는지 다시 한번 점검해 보고 확실히 내것으로 만들어 보세요.

DAY 100

Final Review

배운 내용을 상기하면서 우리말을 보고 문장을 영작한 후 큰 소리로 말해 보세요.

01 나는 아침형 인간이야. ▶ 정답은 DAY 001 확인

02 나는 사교적이야. ▶ 정답은 DAY 003 확인

03 나는 먹는 걸 좋아해. ▶ 정답은 DAY 005 확인

04 나는 집돌이[집순이]야. ▶ 정답은 DAY 006 확인

05 나는 깔끔쟁이야. ▶ 정답은 DAY 007 확인

06 나는 애견인이야. ▶ 정답은 DAY 008 확인

07 나는 비밀이 없는 사람이야. ▶ 정답은 DAY 010 확인

232

6 100일의 학습이 끝나는 날, **Final Review**를 통해 그동안의 학습의 성과를 확인해 보세요. 그리고 큰 소리로 말해 보세요.

원어민 MP3 듣기

❶ 스마트폰에서 MP3 바로 듣기

스마트폰으로 QR코드를 인식하면 MP3를 바로 들을 수 있습니다.

❷ 컴퓨터에서 MP3 다운받기

넥서스 홈페이지(www.nexusbook.com)에서 도서명으로 검색하시면, 회원 가입 없이 바로 무료로 다운받을 수 있습니다.

이 책의 저자 제니 리 선생님의 유튜브 채널 '제니리 영어'를 방문해 보세요. 채널 내의 동영상 콘텐츠와 함께 학습하면 더욱 효율적으로 영어 실력을 향상시킬 수 있습니다. 선생님의 꼼꼼하고 친절한 동영상 콘텐츠를 보며 도서 학습에 도움을 받아 보세요.

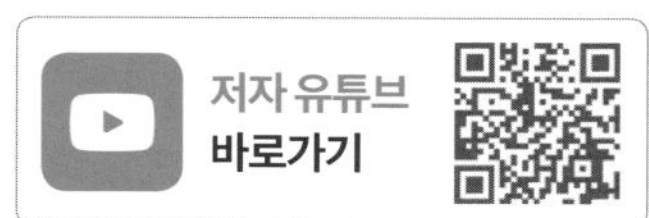

학습 진도표

DAY 001 ~ 100

DAY 001 I'm a morning person. 나는 아침형 인간이야.

DAY 002 I'm a night owl. 나는 야행성이야.

DAY 003 I'm a people person. 나는 사교적이야.

DAY 004 I'm a go-getter. 나는 열심히 사는 사람이야.

DAY 005 I'm a foodie. 나는 먹는 걸 좋아해.

DAY 006 I'm a homebody. 나는 집돌이/집순이야.

DAY 007 I'm a neat freak. 나는 깔끔쟁이야.

DAY 008 I'm a dog lover. 나는 애견인이야.

DAY 009 I'm good with money. 나는 돈 관리를 잘해.

DAY 010 I'm an open book. 나는 비밀이 없는 사람이야.

DAY 011 Review Quiz

Part 01

자기소개 표현

DAY 001

I'm a morning person.

나는 아침형 인간이야.

저녁보다 아침 시간을 훨씬 생산적으로 보내는 사람들, 다시 말해 '아침형 인간'을 영어로는 'morning person'이라고 합니다. 자기소개를 할 때 "나는 아침형 인간이야."라고 하고 싶다면 이 표현을 사용해 보세요.

TODAY'S SCRIPT

I'm a morning person. I am the most productive in the morning. Let me describe my morning routine. I wake up early at around 6 AM. I immediately do some stretching to release the tension in my body. Then, I prepare a simple but healthy breakfast for myself. I usually have avocados, eggs, and a cup of coffee in the morning. After that, I study English for about 30 minutes before I go to work. This way, I can get a lot done in the morning.

나는 아침형 인간이야. 나는 아침에 제일 생산적이거든. 내 아침 루틴을 설명해 줄게. 나는 일찍 6시쯤 일어나서, 몸의 긴장을 풀기 위해 바로 스트레칭을 해. 그러고는 내 자신을 위해서 간단하지만 건강한 아침식사를 차려. 아침에는 주로 아보카도, 계란, 그리고 커피 한 잔을 먹어. 그 다음에는 출근하기 전에 30분 정도 영어 공부를 해. 이렇게 하면 아침에 참 많은 것을 해낼 수 있게 돼.

KEY EXPRESSIONS

1 Be a morning person 아침형 인간이다

Are you a morning person?
너는 아침형 인간이니?

I want to become a morning person.
나는 아침형 인간이 되고 싶어.

2 Let me ~ 내가 ~해 줄게

Let me help you.
내가 도와줄게.

Let me buy you a drink.
내가 술 한 잔 사 줄게.

3 Prepare A for B B를 위해 A를 준비하다

I prepared a surprise gift for you.
너를 위해 깜짝 선물을 준비했어.

My teacher prepared snacks for the whole class.
우리 선생님이 반 전체를 위해 간식을 준비하셨어.

4 Get (something) done ~를 마치다, ~를 끝내다

I only have an hour to get my homework done.
숙제를 마칠 시간이 한 시간밖에 남지 않았어.

Did you get the chores done?
집안일은 다 끝냈어?

WORDS

productive 생산적인 describe 설명하다 around 대략 ~쯤 immediately 즉시, 당장
release 풀어 주다 tension (근육의) 긴장, 뭉침 usually 주로, 보통 this way 이렇게 하면

DAY 002

I'm a night owl.

나는 야행성이야.

아침보다 저녁 시간에 더 활기차게 활동하는 야행성인 사람들을 영어로는 올빼미에 빗대어 'night owl'이라고 합니다. '나는 야행성이다' 싶으시다면 자기소개할 때 이 표현을 사용해 보세요.

TODAY'S SCRIPT

I have a hard time waking up in the morning. I always want to sleep in. Even after I get up, it takes me a while to become completely alert. It's because I always go to bed late. I'm a night owl, so I take advantage of my evening. I get work done, do my chores, and even exercise later in the day. I enjoy the silence at night. I can focus better and be more creative at this hour.

나는 아침에 일어나는 게 힘들어. 항상 늦잠을 자고 싶어 해. 일어난 후에도 완전히 정신이 깰 때까지 시간이 좀 걸려. 내가 늦게 자기 때문인데, 나는 야행성이라 밤 시간을 최대한 활용하거든. 일도 하고 집안일도 하고 심지어 운동까지도 늦은 시간에 해. 밤의 고요함을 즐기는 것 같아. 이 시간에 집중도 더 잘 되고 더 창의적일 수 있는 것 같아.

KEY EXPRESSIONS

1 Have a hard time -ing ~하느라 힘들어하다

I had a hard time memorizing the lyrics.
가사를 외우느라 힘들었다.

Did you have a hard time getting here?
여기 오느라 힘들었어?

2 Be a night owl 야행성이다

Why aren't you sleeping yet? Are you a night owl?
왜 아직 안 자? 너 야행성이야?

I've been a night owl since I was young.
나는 어릴 때부터 야행성이었어.

3 Take advantage of ~ ~을 이용하다, 활용하다

Take advantage of the chance to study abroad.
해외에서 공부할 수 있는 기회를 최대로 활용해 봐.

Let's take advantage of the sale.
우리 세일 기간을 잘 활용하자.

4 ~ better 더 잘 ~하다

I sleep better with someone next to me.
나는 누가 내 옆에 있을 때 더 잘 자.

I eat better when I'm at my parents'.
나는 부모님 댁에서 더 잘 먹어.

WORDS

wake up 기상하다 sleep in 늦잠을 자다 get up 기상하다 completely 완전히 alert 정신이 맑은 go to bed 잠들다 chore 집안일 silence 고요함 creative 창의적인

DAY 003

I'm a people person.

나는 사교적이야.

'people person'은 '사람들과 어울리는 것을 좋아하는 사람', 즉 '사교적인 사람'을 의미합니다. 여러 사람들과 어울릴 때에 에너지를 얻는 분들은 이렇게 자기소개를 해 보세요.

TODAY'S SCRIPT

Many people say they need some alone time. They intentionally isolate themselves to recharge. Well, I don't really understand them. I'm a people person. I prefer to be surrounded by people all the time. Whether they're close friends, family, or even strangers, I love having someone's company. I also enjoy attending social events to make new connections. Interaction with people gives me so much energy. That's why you'll hardly ever find me alone.

많은 사람들은 혼자 있는 시간이 꼭 필요하다고 하더라. 재충전하기 위해서 일부러 자신을 고립시키기도 해. 사실, 나는 그게 잘 이해가 안 돼. 나는 사람을 좋아하는 편이거든. 나는 항상 사람들로 둘러싸여 있는 걸 선호해. 가까운 친구, 가족, 심지어 낯선 사람들이라도 상관없이 누군가와 함께 있는 걸 좋아해. 그리고 사교 모임에 참석해서 새로운 인연을 만들기도 해. 나는 사람들과 소통하면서 에너지를 많이 얻어. 그래서 내가 혼자 있는 건 거의 보기 힘들 거야.

KEY EXPRESSIONS

1 Be a people person 사교적인 사람이다, 외향적이다

I'm a big people person.
나는 완전 외향적인 사람이야.

The new guy seems like a people person.
새로 온 그 사람 사교성이 좋은 것 같아.

2 I prefer ~ 나는 ~을 선호해

I prefer to take the subway to work.
나는 출근할 때 지하철 타는 걸 선호해.

I prefer coffee over tea.
나는 차보다 커피를 선호해.

3 Have company 함께 하는 사람(손님, 일행, 친구 등)이 있다

I love to have company for movie nights.
나는 영화 볼 때에 사람들이 함께 있는 게 좋아.

We will have company this Christmas.
우리는 이번 크리스마스에 손님이 올 거야.

4 You'll hardly ~ 거의 ~하지 못할걸

You'll hardly notice the difference.
차이를 거의 알아채지도 못할걸.

You'll hardly feel the needle go in.
주사가 들어가는 걸 거의 느끼지도 못할걸.

WORDS

alone time 혼자 있는 시간 intentionally 의도적으로, 일부러 isolate 고립시키다, 분리하다
recharge 재충전하다 be surrounded by/with ~로 둘러싸이다 whether ~이든 아니든
connection 인연, 연줄 interaction 상호작용, 소통 hardly ever 거의 ~하지 않는

DAY 004

I'm a go-getter.

나는 열심히 사는 사람이야.

go-getter은 단어 자체가 나타내듯 '(원하는 것을) 바로 가서 쟁취하는 사람'이라는 의미를 갖고 있습니다. 따라서 '야심 찬 사람', '성공을 위해 끊임없이 달리는 사람', '열심히 사는 사람'을 모두 go-getter라고 부를 수 있습니다.

TODAY'S SCRIPT

My family tells me I work too much. I must admit, I do work nonstop. What can I say? I'm a go-getter with big career ambitions. I'm working hard to grow my business. My dream is to become a millionaire by the age of 40. With such aspiration, I can't just chill at home like a couch potato. I need to stay productive and make the most out of my day. I believe my efforts will pay off in the long run.

나는 가족들에게 일을 너무 많이 한다는 소리를 자주 들어. 솔직히 쉴 새 없이 일하기는 해. 근데 어쩌겠어? 난 일 욕심이 많은 야심 찬 사람인 걸. 난 내 비즈니스를 성장시키기 위해 열심히 노력하고 있어. 내 꿈은 40살 전까지 백만장자가 되는 거야. 이 포부가 있는 한, 집에서 그냥 퍼질러 있으면서 쉴 수가 없어. 생산적으로 지내면서 하루를 최대한 알차게 활용해야 해. 결국에는 내 노력에 보상이 따를 거라 믿어.

KEY EXPRESSIONS

1 Go-getter 야심 찬 사람, 열심히 사는 사람

All influential CEOs in the world are go-getters.
세상에 있는 모든 영향력 있는 사업가들은 다 야심가들이다.

She has three jobs. She's a real go-getter.
그녀는 직업이 세 개야. 진짜 열심히 사는 사람이지.

2 Make the most out of ~ ~를 최대로 활용하다, 뽕을 뽑다

Let's make the most out of this trip!
이 여행을 최대로 즐겨 보자!

You have one hour. Make the most out of the time.
딱 한 시간 줄게. 이 시간을 최대로 활용해 봐.

3 Pay off 보상이 따르다, 좋은 결과가 있다

Hard work always pays off.
열심히 일하면 꼭 보상이 따르게 되어 있어.

If you study now, it will pay off in the future.
지금 공부하면 나중에 보상이 따를 거야.

4 In the long run 장기적으로, 결국에는, 나중에는

It won't matter in the long run.
장기적으로 보면 크게 중요하지 않을 거야.

Investing will earn you a lot of money in the long run.
투자는 장기적으로 많은 돈을 벌어다 줄 거야.

WORDS

nonstop 쉬지 않고 ambition 야망, 야심 grow 성장시키다, 키우다 millionaire 백만장자 by the age of ~ ~살까지 aspiration 열망, 포부 chill 느긋하게 있다 couch potato 할일 없이 TV만 보는 사람 productive 생산적인

DAY 005

I'm a foodie.

나는 먹는 걸 좋아해.

foodie는 '먹는 것을 좋아하는 사람'을 일컫습니다. 음식 맛을 보는 일을 전문적으로 하는 것뿐만 아니라, 맛집을 찾아다니는 걸 좋아하고 맛있는 것을 먹으면 행복해지는 사람 모두를 foodie라고 부를 수 있습니다.

TODAY'S SCRIPT

Do you know that euphoric feeling from having good food? Honestly, I live for that feeling. As you can tell already, I'm a foodie. I research famous restaurants all over the country. Whenever I see one that I must try, I immediately add it to my must-visit list. In fact, I plan trips to go eat at these restaurants. I even have an Instagram page dedicated to food. I share good eateries with my followers. It's my way of appreciating good food.

맛있는 음식을 먹었을 때 느껴지는 그 희열 혹시 알아? 솔직히 나는 그 재미로 살아. 이미 눈치챘겠지만, 나는 먹는 걸 좋아해. 전국의 유명한 식당을 조사해서 꼭 먹어봐야 하는 곳이 보이면 바로 '꼭 가야 하는 곳 목록'에 추가해. 사실 이런 음식점을 돌아다니기 위해 먹거리 여행을 계획하기도 해. 심지어 음식 소개를 위한 인스타그램 계정이 있어. 맛집을 팔로워들이랑 공유하기도 해. 이게 내가 맛있는 음식에 대한 관심을 표현하는 방식이야.

KEY EXPRESSIONS

1 I live for ~ ~하는 맛에 산다, ~ 때문에 산다

I live for my job!
나는 내 일 때문에 살아.

I live for soccer.
나는 축구 때문에 살아.

2 can tell 알아 볼 수 있다, 티가 나다

I can tell you like him.
너 걔 좋아하는 거 티 나.

Can you tell I cut my hair?
나 머리 자른 거 티 나?

3 Be a foodie 먹는 걸 좋아하다, 미식가다

I'm a foodie. I'll take you to the best Italian place.
내가 미식가잖아. 제일 맛있는 이탈리안 맛집에 데려가 줄게.

I'm a foodie, but I'm not really picky.
나는 미식가인데 그렇게 까다롭지는 않아.

4 It's my way of ~ 이게 내가 ~하는 방식이야

It's my way of showing gratitude.
이게 내가 감사를 표현하는 방식이야

It's my way of stretching.
이게 내가 스트레칭하는 방식이야.

WORDS

euphoric 행복한, 황홀한 honestly 솔직히 feeling 기분, 감정 famous 유명한 try 해보다 must-visit 꼭 방문해야 하는 dedicate 헌정하다, 바치다 follower 구독자 appreciate 관심을 표하다

DAY 006

I'm a homebody.

나는 집돌이/집순이야.

"이불 밖은 위험해."라고 하면서 밖에 나가는 게 싫고 집에서 시간 보내는 걸 제일 좋아하는 사람을 두고 '집돌이', '집순이'라고 하듯이, 영어로는 '집에 있는 몸'이라는 의미로 homebody라고 부릅니다.

TODAY'S SCRIPT

There is nowhere else in the world that I like better than my home. I'm a true homebody. There's just so much to do at home! I spend most of my time on the couch, watching K-dramas on Netflix. I also enjoy cooking at home. Whenever I find new recipes on YouTube, I must make it myself. I never get bored at home. This is why I don't seek for fun outside.

나는 집보다 더 좋은 곳이 없어. 나는 찐 집돌이/집순이야. 집에서 할 게 얼마나 많은데! 난 대부분의 시간을 소파에서 넷플릭스로 한국 드라마를 보면서 보내. 그리고 집에서 요리하는 것도 좋아해. 유튜브에서 새로운 레시피를 찾으면 꼭 직접 만들어 봐야 해. 난 집에서 절대 지루할 일이 없어. 이래서 집 밖에서 재미를 찾지 않게 돼.

KEY EXPRESSIONS

1 Be a homebody 집돌이/집순이다

I became a homebody ever since I got married.
나는 결혼하고 나서 집돌이[집순이]가 되었다.

I'm a total homebody. I never get out of the house.
나는 완전 집돌이[집순이]야. 절대 집 밖에 안 나가.

2 Spend time ~ ~하면서 시간을 보내다

I like to spend time reading books.
나는 책을 읽으면서 시간 보내는 걸 좋아해.

What do you usually spend time doing?
너는 주로 뭐 하면서 시간을 보내?

3 Make ~ myself 직접 ~를 만들다

Try this cake! I made it myself.
이 케이크 한번 먹어 봐! 내가 직접 만들었어.

I didn't make the lasagna myself. It's store-bought.
라자냐는 내가 직접 만든 게 아니야. 사 온 거야.

4 Get bored 지루해하다, 심심해하다

The children seem to be getting bored.
애들이 점점 지루해하는 것처럼 보이네.

I get bored very easily.
나는 쉽게 심심해하는 편이야.

WORDS

nowhere else 어디에도 없는 better than ~보다 좋은 couch 소파 recipe 레시피 myself 스스로, 직접 bored 지루한 seek 찾다 outside 밖에서

DAY 007

I'm a neat freak.

나는 깔끔쟁이야.

'청결한', '깔끔한'이라는 의미의 neat와 '괴짜', '괴물'이라는 의미의 freak이 만나서 '깔끔 떠는 괴짜'라는 단어가 됩니다. 사전에서는 '결벽증 환자'라고 정의하는데, 일상에서는 좀 더 보편적으로 깔끔 떠는 사람들을 놀릴 때에도 'neat freak'이라고 합니다.

TODAY'S SCRIPT

You might not believe me, but I'm a neat freak. I try not to show it when I'm with others. You'd be surprised if you saw my place. I vacuum the floor every single day. Also, I wipe down all surfaces with sanitizing wipes. I wash my hands almost every hour. Before bed, I go around the house to check that everything is in its place. It might seem too much, but it's just become a routine for me.

내 말을 안 믿을 수도 있겠지만, 나는 깔끔쟁이야. 다른 사람들과 있을 때는 잘 안 보이려고 하는데, 우리 집을 보면 깜짝 놀랄 거야. 나는 매일 청소기를 돌리고, 모든 표면을 소독용 물티슈로 닦고, 거의 매시간 손을 씻어. 자기 전에는 집 한 바퀴를 돌며 모든 게 제자리에 있나 검사를 해. 좀 과하다 싶을 수 있는데, 나한테는 이게 그냥 일상이 되어 버렸어.

KEY EXPRESSIONS

1 A neat freak 깔끔 떠는 사람, 결벽증이 있는 사람

How is it dating a neat freak?
결벽증이 있는 사람과 사귀는 건 어때?

I became a neat freak ever since COVID-19.
나는 코로나 이후로 결벽증이 생겼어.

2 You'd be surprised 깜짝 놀랄걸

You'd be surprised how fast he runs.
걔가 얼마나 달리기가 빠른지 보면 깜짝 놀랄걸.

You'd be surprised how close the gym is.
헬스장이 얼마나 가까운지 알면 깜짝 놀랄걸.

3 Before bed 잠들기 전에

I always take a shower before bed.
난 잠들기 전에 꼭 샤워를 해.

I heard eating before bed is bad for your health.
자기 전에 음식을 먹는 게 건강에 안 좋다고 들었어.

4 Go around 돌다, 돌아다니다

He's going around spreading rumors about us.
걔가 돌아다니면서 우리에 대한 루머를 퍼뜨리고 있대.

I hated going around wearing masks.
나는 마스크 쓰고 돌아다니는 게 너무 싫었어.

WORDS

my place 우리 집 vacuum 청소기를 돌리다 floor 바닥 wipe down 닦다 surface 표면 sanitizing 소독제의 wipe 물티슈 wash hands 손을 씻다 check 확인하다 in place 제자리에 있다 routine 일과, 습관

DAY 008

I'm a dog lover.

나는 애견인이야.

어떤 명사 뒤에 lover를 붙이면 그 명사를 '사랑하는 사람', 또는 '애호가'라고 본인을 소개할 수 있습니다. 예를 들면, car lover, fashion lover, coffee lover처럼 다양하게 표현할 수 있습니다.

TODAY'S SCRIPT

I had never considered getting a dog. I knew it would be a ton of work. However, my kid has been begging to get one for years. I eventually gave in, and we ended up adopting our dog. Ever since, he has filled our home with joy and laughter. He is bringing our family closer together. It's amazing how a dog can change your life. Thanks to our dog, I've developed a deep appreciation for all dogs. Now, I proudly tell people that I'm a dog lover.

나는 강아지 키우는 걸 고려해 본 적이 없어. 분명 일이 많을 거라 생각했거든. 근데 우리 애가 몇 년째 강아지를 데려 오자고 간절히 원해서, 결국 굴복하고 강아지를 입양하게 됐어. 그 이후로 강아지가 우리 집을 기쁨과 웃음으로 가득 채워 주고 있어. 우리 가족이 더 가까워지게 해 주고 있어. 강아지 한 마리가 누군가의 인생을 바꿀 수 있다는 게 놀라워. 우리 강아지 덕분에 나는 모든 강아지를 사랑하게 되었어. 이제 나는 자랑스럽게 사람들에게 애견인이라고 말하고 다녀.

KEY EXPRESSIONS

1 A ton of ~ 엄청나게 많은 ~

I have a ton of homework to do.
해야 하는 숙제가 엄청나게 많이 있어.

I have a ton of respect for you.
난 너를 엄청나게 존경해.

2 End up ~ 결국 ~하게 되다

I ended up taking a taxi, because the bus wouldn't come.
버스가 안 와서 결국 택시를 타게 됐어.

What did you end up having for dinner?
결국에 저녁으로 뭐 먹었어?

3 I've developed ~ ~이 생겼다, ~을 길렀다

I've developed feelings for you.
널 향해 (사랑하는) 감정이 생겼어.

I've developed a habit of reading.
나는 책을 읽는 습관을 길렀어.

4 ~ lover ~을 사랑하는 사람, ~ 애호가

I'm a bread lover. I could eat bread all day.
나는 빵순이[빵돌이]야. 하루 종일 빵을 먹을 수도 있어.

As a movie lover, I must go watch the new movie.
영화광으로서 그 신작 좀 보러 가야겠다.

WORDS

consider 고려하다 beg 빌다, 간청하다 give in 항복하다, 굴복하다 adopt 입양하다 fill 채우다 joy 기쁨, 환희 laughter 웃음 appreciation 감탄, 존중, 사랑 proudly 자랑스럽게

DAY 009

I'm good with money.

나는 돈 관리를 잘해.

내가 무언가를 잘하거나 어떤 것에 밝다고 말할 때 사용할 수 있는 표현입니다. "I'm good with directions."는 "길눈이 밝다.", "I'm good with faces."는 "얼굴을 기억을 잘한다.", "I'm good with words."는 "말주변이 좋다." 이렇게 바로 뒤에 명사를 넣어 표현할 수 있습니다.

TODAY'S SCRIPT

I learned the value of money from a young age. I had my first job at the age of 18. I was a server in a local restaurant. Although I made little, my parents encouraged me to save. That's when I realized the importance of saving. Over the years, it became a habit of mine. Even now with high income, I continue to prioritize saving. Thanks to my parents, I'm good with money compared to people my age.

나는 어릴 때부터 돈의 중요성을 배웠어. 18살에 처음 일하기 시작했는데, 동네 음식점에서 서빙을 했어. 버는 돈이 적었지만 부모님께서는 저축하라고 권장하셨어. 그때부터 저축의 중요성을 깨닫기 시작했지. 세월이 흐르면서 저축은 습관이 되더라고. 그래서 지금은 돈을 많이 버는데도 나는 저축을 항상 우선시해. 부모님 덕분에 내 또래에 비해 돈 관리를 잘하는 것 같아.

KEY EXPRESSIONS

1 From a young age 어릴 때부터

I liked to sing and dance from a young age.
난 어릴 때부터 노래하고 춤추는 걸 좋아했어.

I picked up English from a young age.
난 어릴 때부터 영어를 배웠어.

2 Encourage A to B A가 B하도록 격려하다

I encourage you to follow your dream.
네가 네 꿈을 좇는 것을 격려해.

My teacher encouraged me to study hard.
선생님이 내가 열심히 공부하도록 격려해 주셨어.

3 Over the years 세월이 흐르면서, 여러 해 동안

We became best friends over the years.
우리는 세월이 흐르면서 절친이 되었어.

I've learned a lot from you over the years.
몇 년 동안 너로부터 정말 많이 배웠어.

4 Be good with ~ ~를 잘하다, ~에 강하다

I'm good with directions.
나는 길눈이 밝아.

I'm good with numbers.
나는 숫자에 강해.

WORDS

value 가치 server 서빙하는 사람 local 동네 encourage 격려하다, 권장하다 save 저축하다 realize 깨닫다 importance 중요성 habit 습관 high income 고소득 prioritize 우선시하다 compared to ~ ~와 비교해서

DAY 010

I'm an open book.

나는 비밀이 없는 사람이야.

이 표현은 재미있는 의미를 갖고 있는데, 나를 펴놓은 책과 비교함으로써 그만큼 비밀이 없고 숨기는 것이 없는, 파악하기 쉬운 사람이라고 소개하는 표현입니다. 반대 의미는 닫힌 책, 즉 'closed book'이라고 합니다.

TODAY'S SCRIPT

I'm an open book with my friends. I believe transparency is key in building strong relationships. I am very honest with my friends. I let myself be vulnerable at times. My friends appreciate this openness. They feel trusted and valued in our friendship. As a result, they find it easy to confide in me. This is one of the many benefits of being an open book in friendships.

난 친구들과는 비밀이 없는 편이야. 나는 끈끈한 관계를 형성하는 데에 솔직함이 중요하다고 생각해. 그래서 내 친구들에게도 매우 솔직하고, 때로는 내 약점을 드러내기도 해. 내 친구들은 이런 솔직함을 높이 사더라고. 우리의 우정에서 신뢰 받고 소중히 여겨지는 기분이 드나 봐. 결과적으로 친구들도 나에게 속마음을 털어놓기가 더 쉬워지는 거지. 이게 우정에서 솔직할 때의 많은 장점 중 하나야.

KEY EXPRESSIONS

1 Be an open book 비밀이 없다, 솔직하다, 단순하다

Ask me anything. I'm an open book.
나에게 아무거나 물어봐. 다 솔직하게 얘기해 줄게.

My life is an open book.
나는 비밀이 없는 삶을 살아.

2 Be key 핵심이다, 중요하다

You must remember this equation. This is key.
이 공식은 꼭 외워야 해. 이게 핵심이야.

The vanilla extract is key to this recipe.
바닐라 추출물이 이 레시피에서는 핵심이야.

3 Appreciate 고맙게 여기다, 높이 사다, 중요하게 여기다

The older I get, the more I appreciate nature.
나이가 들수록 더 자연에 감사하게 돼.

I appreciate your words of encouragement.
너의 격려의 말을 참 고맙게 생각해.

4 Confide in ~ ~에게 속마음을 털어놓다

You are lucky to have someone you confide in.
넌 속마음을 털어놓는 사람이 있다니 복이 많다.

You can confide in me.
나에게 속마음을 털어놓아도 돼.

WORDS

transparency 투명성, 솔직함 relationship 관계 honest 솔직한 let 허락하다 vulnerable 취약한 at times 가끔은 openness 솔직함 trust 믿다 value 소중히 여기다 benefit 장점

DAY 011

Review Quiz

DAY 001 ~ 010

01 **I'm a ______________.**

나는 아침형 인간이야.

02 **I only have an hour to ______ my homework ________.**

숙제를 마칠 시간이 한 시간밖에 남지 않았어.

03 **I've been a ______________ since I was young.**

나는 어릴 때부터 야행성이었어.

04 **Let's ______________ the sale.**

우리 세일 기간을 잘 활용하자.

05 **The new guy seems like a ______________.**

새로 온 그 사람 사교성이 좋은 것 같아.

06 **She has three jobs. She's a real ______________.**

그녀는 직업이 세 개야. 진짜 열심히 사는 사람이지.

07 **I'm a ____________, but I'm not really picky.**

나는 미식가인데 그렇게 까다롭지는 않아.

08 **I ______________ you like him.**

너 걔 좋아하는 거 티 나.

09 **I'm a total ______________. I never get out of the house.**

나는 완전 집돌이[집순이]야. 절대 집 밖으로 안 나가.

10 **I became a ______________ ever since COVID-19.**

나는 코로나 이후로 결벽증이 생겼어.

11 **I always take a shower ______________.**

난 잠들기 전에 꼭 샤워를 해.

12 **I'm a ______________.**

나는 애견인이야.

13 **I'm ______________ numbers.**

나는 숫자에 강해.

14 **I picked up English ______________.**

난 어릴 때부터 영어를 배웠어.

15 **My life is an ______________.**

나는 비밀이 없는 삶을 살아.

정답 **01.** morning person **02.** get / done **03.** night owl **04.** take advantage of **05.** people person **06.** go-getter **07.** foodie **08.** can tell **09.** homebody **10.** neat freak **11.** before bed **12.** dog lover **13.** good with **14.** from a young age **15.** open book

Part 02

감정 표현

DAY 012

I had a blast.

진짜 즐거운 시간이었어.

blast는 원래 '폭발'이라는 의미로, 폭발적일 정도로 즐겁고 신나는 경험을 일컫기도 합니다. 잊을 수 없을 정도로 재미있는 시간을 보냈을 때 이 표현을 사용해 보세요.

TODAY'S SCRIPT

Last summer, I took my family to Disneyland, and I had a blast. We enjoyed all sorts of rides. The food was also incredibly delicious. The best part was there was so much to see. We watched a parade during the day and the big fireworks at night. I got to meet my favorite Disney characters too! We took a lot of pictures to remember this fun day. I can't wait to go again.

지난여름에 나는 가족들을 데리고 디즈니랜드에 다녀왔는데, 진짜 즐거운 시간이었어. 우리는 온갖 놀이기구를 다 탔지. 음식도 놀라울 정도로 맛있었어. 가장 좋았던 건 볼거리가 많았다는 건데, 낮에는 퍼레이드를 보고 밤에는 큰 불꽃놀이를 관람할 수 있었어. 내가 제일 좋아하는 디즈니 캐릭터들도 만날 수 있었다니까! 우리는 이 즐거운 하루를 기억하기 위해 사진을 많이 남겼어. 빨리 또 가고 싶다.

KEY EXPRESSIONS

1 Have a blast 즐거운 시간을 보내다

Hope you have a blast at the party!
파티에서 즐거운 시간 보내고 와!

Thanks for inviting me to your place. I had a blast.
집에 초대해 줘서 고마워. 진짜 즐거운 시간이었어.

2 The best part is ~ 가장 좋은 점은 ~야

The best part of this movie is the ending.
이 영화에서 가장 좋았던 것은 결말이야.

What do you think is the best part of living alone?
자취하는 것에 가장 좋은 점은 무엇인 것 같아?

3 I got to ~ ~할 수 있었어

I'm glad I got to know you better.
너를 더 잘 알게 되어 기뻤어.

I got to make new friends at the event.
그 행사에서 새로운 친구들을 사귈 수 있었어.

4 I can't wait to ~ 빨리 ~하고 싶다

I can't wait to go back home.
빨리 집에 가고 싶다.

I can't wait to meet you!
빨리 너 만나고 싶다!

WORDS

last summer 지난여름 take 데려가다 all sorts of 다양한 incredibly 엄청나게 delicious 맛있는 during the day 낮에 fireworks 불꽃놀이 at night 밤에 character 캐릭터

DAY 013

I'm pumped!

나 완전 신났어!

pump는 우리가 아는 펌프처럼 무언가를 부풀린다는 의미로, 근육 등을 키우는 것도 pump라고 하지만, 기분이 신나고 들떴을 때에도 사용합니다. 같은 의미로 "I'm stoked!"도 일상에서 많이 사용되니 함께 기억해 주세요.

TODAY'S SCRIPT

I had a rough week, so I needed a change of scenery this weekend. That's why I planned a camping trip with a couple of my friends. Our plan is to eat good food and relax. We'll have some barbeque once we arrive at the campsite. Then, we'll set up a bonfire and stare at it for a while. Maybe if the weather is nice, we can stargaze too. I'm looking forward to the weekend. I'm pumped!

너무 힘든 한 주를 보내서 이번 주말에는 분위기 전환이 필요했어. 그래서 친구 몇 명이랑 캠핑 여행을 계획했어. 우리 계획은 가서 맛있는 음식을 먹고 쉬는 거야. 캠프장에 도착하자마자 바비큐를 해 먹고, 그 다음에는 모닥불을 피워 놓고 잠깐 불멍을 할 거야. 그리고 만약 날씨가 좋으면 별도 볼 수 있을 테고. 이번 주말이 너무 기대된다. 나 완전 신났어!

KEY EXPRESSIONS

1 A change of ~ ~의 변화

There's been a sudden change of plans.
계획에 갑작스러운 변화가 있었어.

I had a change of mind.
나는 심경의 변화가 있었어.

2 Our plan is to ~ ~하는 게 우리 목표야

Our plan is to get up at 5 AM tomorrow.
내일 아침 5시에 일어나는 게 우리 목표야.

Our plan is to save one million dollars in ten years.
10년 안에 백만 불을 모으는 게 우리 목표야.

3 Look forward to ~ ~하는 걸 기대하다

I look forward to working with you.
당신과 함께 일할 수 있기를 기대합니다.

We are looking forward to your new album.
당신의 새 앨범을 기대하고 있어요.

4 Be pumped 신나다, 설레다

I'm going to New York next week. I'm so pumped!
나 다음 주에 뉴욕에 가. 너무 신나!

Are you pumped about your wedding?
너 결혼 준비로 설레니?

WORDS

rough 힘든, 고단한 scenery 풍경, 경치 weekend 주말 camping trip 캠핑 여행 a couple of 몇몇의 relax 휴식하다, 쉬다 barbeque 바비큐 campsite 캠핑장 bonfire 모닥불 stare 가만히 쳐다보다 stargaze 별을 관찰하다

DAY 014

I'm swamped.

나 너무 바빠.

우리가 흔히 알고 있는 busy가 단순히 '바쁜' 상태를 나타낸다면, 일에 치일 정도로 업무가 많아서 '극도로 바쁜' 상태는 swamped라는 형용사로 표현할 수 있습니다. 눈코 뜰 새 없이 바쁠 때에는 "I'm swamped."라고 해 보세요.

TODAY'S SCRIPT

I hate to do this, but I have to cancel our dinner tonight. I can't afford to take time off work. I'm swamped with tasks and deadlines at the moment. I'm working day and night without getting much sleep. Still, I have so much work left. It's affecting both my physical and mental health. Anyways, I will make it up to you once I'm done. I promise to treat you to a nice dinner.

진짜 미안한데, 오늘 저녁 약속을 취소해야 할 것 같아. 일을 쉬고 시간을 내기 힘들 것 같아. 지금은 업무와 마감으로 너무 바쁘거든. 낮과 밤을 가리지 않고 잠도 많이 못 자고 일하는데도 그래도 할 일이 많이 남았어. 점점 내 몸과 정신 건강에 무리가 되고 있을 정도야. 어쨌든 다 끝나고 나면 내가 꼭 만회할게. 멋진 식사라도 대접할 것을 약속할게.

KEY EXPRESSIONS

1 Can't afford to ~ ~할 여력이 안 되다, 여유가 없다

We can't afford to buy a house right now.
지금은 집을 살 여력이 안 된다.

I can't afford to work at the moment. I just had a baby.
난 지금은 일할 여건이 안 돼. 최근에 출산을 했거든.

2 Be swamped with ~ ~ 때문에 극도로 바쁘다

I'm swamped with work. Go have dinner without me.
나 일이 너무 바빠. 나 빼고 가서 저녁 먹어.

You look stressed. Are you swamped with homework?
너 스트레스 받아 보여. 숙제로 바쁜 거야?

3 Make it up to ~ ~에게 만회하다, 갚다

I'm sorry I forgot your birthday. I'll make it up to you.
네 생일을 까먹어서 미안해. 내가 만회할게.

Thanks for lending me your car. I'll make it up to you.
차 빌려줘서 고마워. 내가 갚을게.

4 Treat A to B A에게 B를 대접하다

We treated our parents to a fancy dinner on their anniversary.
부모님 결혼기념일에 고급 저녁식사를 대접했어.

I like to treat myself to a massage sometimes.
난 스스로에게 마사지를 종종 선물하곤 해.

WORDS

cancel 취소하다 take time off 쉬다 task 일, 업무 deadline 마감일 day and night 낮과 밤 still 그런데도, 그래도 affect 영향을 미치다 physical 신체적인 mental 정신적인 promise 약속하다

DAY 015

What a relief!

정말 다행이다!

걱정 또는 긴장을 하다가 다행인 소식을 들었을 때 안도의 한숨을 쉬면서 "휴… 다행이다."라고 하듯이, 영어로는 "Phew… What a relief!"라고 할 수 있습니다. 걱정을 하다가 한시름 놓았을 때 이렇게 얘기해 보세요.

TODAY'S SCRIPT

I had a very important meeting to attend this morning. I left home half an hour earlier than usual. However, to my surprise, I faced the worst traffic of my life. The cars stood still for quite some time. There was no way I could make it to the meeting in time. With only 10 minutes left, the traffic started to clear miraculously. I drove as fast as I could, and guess what! I managed to arrive with just a minute to spare. What a relief!

아침에 참석해야 하는 아주 중요한 미팅이 있었어. 그래서 평소보다 30분 일찍 출발했어. 근데 놀랍게도 내 평생 최악의 교통체증을 경험했지 뭐야. 한참 동안 차들이 그냥 제자리에 멈춰 있었어. 시간에 맞춰 도착할 리가 없게 된 거야. 근데 미팅 시간 10분 전에 갑자기 기적적으로 교통체증이 풀리기 시작했어. 그래서 최대 속도로 운전해서 갔는데, 결국 어떻게 됐게? 딱 1분 남기고 도착했어. 얼마나 다행이었는지 몰라!

KEY EXPRESSIONS

1 The worst ~ of my life 내 인생 최악의 ~

That was the worst pizza of my life.
그게 내 인생 최악의 피자였어.

Last year was the worst year of my life.
작년이 내 인생 최악의 해였어.

2 There is no way ~ 절대 ~할 리 없어

There is no way you will lose.
절대 네가 질 리가 없어.

There is no way I can forget that.
그건 내가 절대 잊을 수가 없지.

3 As fast as I can (내가 가능한 한) 최대한 빨리

I'll finish it as fast as I can.
최대한 빨리 끝내도록 할게요.

I'll come home as fast as I can.
최대한 빨리 집에 갈게.

4 What a relief! 정말 다행이야!, 한시름 놓았어!

I passed the exam. What a relief!
나 시험 합격했어. 진짜 다행이야!

It didn't rain today. What a relief!
오늘 비가 안 왔어. 정말 다행이야!

WORDS

attend 참석하다 to my surprise 놀랍게도 face 직면하다, 맞닥뜨리다 stand still 가만히 서 있다 quite some time 꽤 오랜 시간, 한참 miraculously 기적적으로 Guess what! 어떻게 됐게?, 맞춰 봐! manage to ~ ~을 해내다 a minute to spare 1분을 남기고

DAY 016

That's a bummer!

아쉽다!

bummer는 '실망스러운 일'을 일컫는 말로, 실망스럽거나 아쉬운 상황이 발생했을 때에 "That's a bummer!" 또는 "Bummer!" 이렇게 말할 수 있습니다. 한국말 속어로 "아까비."라고 하듯 미국에서도 매우 캐주얼하게 사용하는 표현입니다.

TODAY'S SCRIPT

I have been a big fan of Bruno Mars since his debut. I was so excited when I heard he is having a concert in South Korea. It has been my dream to go to his concert. On the very day of ticketing, I was so nervous that my palms were sweaty. I really wanted to get the ticket. I was counting down the seconds, but something unexpected happened. My computer suddenly crashed! By the time I rebooted my computer, all the tickets were already sold out. I still cannot believe what happened. That's a bummer!

나는 브루노 마스의 데뷔 때부터 팬이었어. 그가 한국에서 콘서트를 한다는 소식을 들었을 때 나는 정말 기뻤어. 그의 콘서트에 가는 게 내 꿈이었거든. 티켓팅 당일에 나는 너무 떨려서 손바닥에 땀이 났어. 티켓을 진짜 갖고 싶었거든. 초를 세고 있는 중에 예상치 못한 일이 발생했어. 내 컴퓨터가 갑자기 다운이 된 거야(고장이 난 거야)! 컴퓨터를 재부팅하고 나니 모든 티켓이 이미 매진되었더라고. 난 아직도 일어난 일을 믿을 수가 없어. 너무 아쉬워!

KEY EXPRESSIONS

1 On the very day of ~ ~ 바로 당일에

Tom decided not to go on the very day of the trip.
톰은 여행 바로 당일에 안 가기로 결정했다.

On the very day of her graduation, Sarah received a job offer from her dream company.
졸업식 바로 당일에 사라는 꿈꾸던 회사로부터 일 제의를 받았다.

2 Be nervous 긴장하다, 불안해하다, 초조해하다, 떨리다

I am always nervous before a presentation.
나는 발표 전에는 항상 긴장을 한다.

Don't be so nervous about the future.
미래에 대해 너무 불안해하지 마.

3 By the time ~ ~할 때쯤에

The meeting was over by the time I arrived.
내가 도착했을 때쯤에는 회의가 끝났다.

The food should be delivered by the time you get home.
네가 집에 도착할 때쯤에는 음식이 배달 될 거야.

4 That's a bummer! 아쉽다!

You can't make it to the party? That's a bummer!
파티에 올 수 없다고? 아쉽다!

My favorite restaurant shut down. That's a bummer.
내가 제일 좋아하는 음식점이 문을 닫았어. 아쉽다.

WORDS

debut 데뷔 palms 손바닥 sweaty 땀이 찬, 흥건한 count down 역으로 세다(3, 2, 1) suddenly 갑자기 crash 고장이 나다, 다운되다 reboot 재부팅하다, 재시작하다 sold out 매진된

DAY 017

I was taken aback.

나는 좀 당황했어.

'be taken aback'은 누군가가 예상치 못하거나 무례한 말 또는 행동을 했을 때에 당황하고 당혹스러운 감정을 표현하거나, 허를 찔려 어이가 없다, 기가 차다는 감정까지 표현할 수 있습니다. 단순히 예상치 못한 상황에 깜짝 놀람을 의미하기도 합니다.

TODAY'S SCRIPT

I wanted to talk to you about that night you suddenly showed up at my door. To be honest, I was taken aback by your surprise visit. I was not expecting anybody that night, so I was startled when the doorbell rang. Don't get me wrong. This doesn't mean I don't want you over. You are more than welcome to stay at my place anytime. However, I would appreciate it if you could give me a call before you come. I just personally don't enjoy surprises.

네가 우리 집에 갑자기 방문했던 밤에 대해 너와 얘기 나누고 싶었어. 사실 나는 너의 깜짝 방문에 조금 당황하긴 했어. 그날 밤에 나는 누군가가 올 거라고 생각을 안 해서, 초인종이 울렸을 때 깜짝 놀랐어. 오해하지는 마. 네가 놀러 오지 않았으면 한다는 말은 아니야. 너야 얼마든지 우리 집에서 지내도 되지. 하지만 오기 전에 전화 한 번만 해 주기를 부탁할게. 내가 개인적으로 서프라이즈를 안 좋아해서 그래.

KEY EXPRESSIONS

1 Be taken aback 당황하다, 놀라다

I was taken aback when I heard about my promotion.
내 승진 소식을 듣고서 깜짝 놀랐어.

Everyone was taken aback by his rude comment.
모두가 그의 무례한 말에 당황했어.

2 Get (someone) wrong (누구의 말을) 오해하다

I think you got me wrong.
네가 내 말을 오해한 것 같아.

Please don't get me wrong.
제발 내 말을 오해하지 마.

3 You are more than welcome to ~ 얼마든지 ~해도 돼

You are more than welcome to join us for lunch.
얼마든지 우리와 함께 점심 먹어도 돼.

You are more than welcome to take as many chocolates as you want.
얼마든지 원하는 만큼 초콜릿을 가져가도 괜찮아.

4 I would appreciate (it if) ~ ~해 주시면 감사하겠습니다

I would appreciate your help.
도와준다면 고맙겠어.

I would appreciate it if you could teach me.
날 가르쳐 줄 수 있다면 고맙겠어.

WORDS

suddenly 갑자기 show up 나타나다, 오다 to be honest 사실, 솔직히 expect 예상하다, 기대하다 startle 깜짝 놀라게 하다 ring (소리가) 울리다 mean 의미하다, 뜻하다 my place 우리 집(= my house) personally 개인적으로

DAY 018

It's stressing me out.

그거 때문에 스트레스 받고 있어.

stress는 '스트레스를 주다'라는 의미의 동사로, 이 표현에서는 현재진행형을 사용하여 '현재 어떤 것이 나에게 스트레스를 주고 있다', 다시 말해 '그거 때문에 내가 스트레스를 받고 있다' 라는 의미가 됩니다.

TODAY'S SCRIPT

Yesterday, my husband and I had an argument. Of course we've had conflicts before. Usually, he's the one to reach out. We talk things out and quickly return to normal. However, this time feels a bit different. He hasn't approached me, and we're still not talking. There is tension in the house, and it's stressing me out. I should swallow my pride and initiate the conversation this time.

어제 내 남편이랑 다투었어. 물론 예전에도 부딪친 적은 있었지만 보통 남편이 먼저 다가와 주거든. 그럼 얘기로 풀고 금방 정상으로 돌아가곤 하는데, 이번에는 느낌이 좀 달라. 아직 남편이 나에게 다가오지 않고 있고, 우린 서로 얘기를 안 하고 있어. 집에 긴장감이 넘쳐서 그거 때문에 스트레스 받고 있어. 이번에는 내가 자존심을 굽히고 먼저 대화를 시작해 봐야겠어.

KEY EXPRESSIONS

1 Have an argument 말다툼하다, 논쟁하다

I had an argument with my wife. We're good now.
아내와 말다툼이 있었어. 지금은 괜찮아.

Let's not have an argument today.
오늘은 다투지 말자.

2 Reach out 먼저 손을 내밀다, 먼저 연락을 취하다

You should reach out to your parents for help.
부모님께 먼저 연락을 드려서 도움을 청해 봐.

I reached out to her on Facebook.
내가 페이스북으로 그녀에게 먼저 연락을 했어.

3 Stress (someone) out ~에게 스트레스를 주다

I don't mean to stress you out.
너에게 스트레스를 주려는 건 아니야.

His attitude is stressing me out.
그의 태도가 나에게 엄청 스트레스가 되고 있어.

4 Swallow (one's) pride (누군가의) 자존심을 굽히다

It's time to swallow your pride and admit you were wrong.
이제 자존심을 굽히고 네가 틀렸다는 걸 인정할 때가 됐어.

It's hard for me to swallow my pride.
자존심을 굽히는 게 나에게는 어려워.

WORDS

conflict 다툼, 갈등 usually 주로 talk things out 대화로 풀다 return 돌아가다 normal 정상, 평상시 approach 접근하다, 다가오다 tension 긴장감 initiate 시작하다 conversation 대화

DAY 019

I'm struggling with it.

그걸로 고생 중이야.

struggle은 '아등바등 몸부림치다'라는 의미로, 'struggle with ~'라고 하면 '~와 싸우다, 씨름하다' 더 나아가서는 '~때문에 힘들다'라는 뉘앙스를 갖습니다. 그냥 "힘들다."라고 얘기할 때에는 "I'm struggling."이라고 말할 수 있습니다.

TODAY'S SCRIPT

I recently made a career change. I used to work in fashion. But then, I wanted to pursue my passion for social justice. So I'm currently in law school to do so. I didn't expect it to be easy, but it is definitely harder than I thought. There is so much to read and memorize. On top of that, the materials are hard to understand. To be honest, I'm struggling with it. In the end, I hope it's going to be worthwhile.

나는 최근에 직업을 바꿨어. 원래는 패션 업계에서 일했었는데, 사회 정의에 대한 내 열정을 좇아 보고 싶은 마음에 지금은 로스쿨에 다니고 있어. 쉬울 거라고는 예상하지 않았지만, 내가 예상했던 것보다는 확실히 더 어려운 것 같아. 읽고 외워야 할 게 너무 많거든. 가뜩이나 그런데 수업 자료는 이해하기가 어려워. 솔직히 말하면 그걸로 고생 중이야. 그래도 결국에는 보람 있기를 바라고 있어.

KEY EXPRESSIONS

1 I used to ~ 전에는 ~하곤 했었다

I used to play tennis, but I don't anymore.
나 예전에는 테니스를 쳤었는데, 이젠 더 이상 안 쳐.

I used to love rock music, but now I prefer jazz.
나 예전에는 록 음악을 좋아했는데, 이젠 재즈를 선호해.

2 I didn't expect ~ ~를 예상하진 못했어

I didn't expect you to come so soon.
네가 이렇게 일찍 올 거라 예상하지 못했어.

I didn't expect it to rain today.
오늘 비가 올 거라고 예상하지 못했어.

3 Struggle with ~ ~으로 고생 중이다, 고심하다

I am struggling with insomnia.
나는 불면증으로 고생 중이야.

Many people struggle with math.
많은 사람들은 수학으로 고심한다.

4 Be worthwhile 보람이 있다

College tuition is expensive, but college education is worthwhile.
대학 등록금은 비싸지만, 대학 교육은 보람이 있다.

Your efforts won't go to waste. It will be worthwhile in the end.
너의 노력이 수포로 돌아가진 않을 거야. 결국에는 다 보람이 있을 거야.

WORDS

career change 진로 변경 pursue 추구하다, 뒤쫓다 passion 열정 social justice 사회 정의
law school 로스쿨 definitely 분명히, 확실히 memorize 암기하다 materials (수업) 자료

DAY 020

I can't stand it anymore.

더 이상 못 참아.

stand는 '버티다', '참다'라는 의미가 있습니다. 따라서 "I can't stand it."이라고 하면 "참을 수 없어."라는 뜻으로, 무언가가 매우 싫고 질색일 때 사용할 수 있습니다. 뒤에 anymore를 붙이면 "더 이상 참을 수 없어."라는 의미가 됩니다. 비슷한 표현인 "I've had it."도 외워 두세요.

TODAY'S SCRIPT

It's been a year since I moved into this apartment. My life was peaceful until just a month ago. Last month, my upstairs neighbors moved in. Every night since then, I hear construction noises from above. I didn't mind it in the beginning. I thought it would be temporary. Now weeks have passed, and it seems to be getting worse. I can't stand it anymore! What should I do?

이 아파트로 이사를 온 지 일 년이 됐어. 지난달까지만 해도 내 인생은 매우 평화로웠어. 지난달에 위층이 이사 왔거든. 그 이후로 매일 밤마다 위에서 공사 소음이 들리곤 해. 처음에는 별로 신경을 안 썼어. 일시적이라고 생각했거든. 근데 지금 몇 주가 지났는데 오히려 점점 심해지는 것 같아. 더 이상 참기가 힘들어! 어떻게 하면 좋을까?

KEY EXPRESSIONS

1 It's been (기간) since ~ ~한 지 (기간)이 되었어

It's been a month since I last saw you.
너를 마지막으로 본 지 한 달이 되었어.

It's been three years since I moved to America.
미국으로 이민 온 지 삼 년이 되었어.

2 I don't mind ~ ~는 신경 안 써, 상관없어

You can have the seat. I don't mind standing up.
자리에 앉아. 나는 서 있어도 괜찮아.

I don't mind the cold.
나는 추위는 신경 안 써.

3 Be temporary 일시적이다

The discount is temporary. It will last for only a week.
할인 행사는 일시적이에요. 딱 일주일만 진행될 거예요.

This job is only temporary.
이 일은 임시적일 뿐이야.

4 Can't stand ~ ~를 못 참다, 못 견디다

I can't stand dad jokes.
난 아재 개그를 절대 못 참아.

I can't stand the smell. It's too strong.
이 냄새를 못 견디겠는데. 너무 세다.

WORDS

move into ~ ~로 이사하다 apartment 아파트 peaceful 평화로운 upstairs 윗집, 위층
neighbor 이웃 construction 공사 noise 소음 worse 더 나쁜, 악화된

DAY 021

It's driving me crazy.

미치겠네.

'drive (someone) crazy'라고 하면 '누군가를 미치게 하다'로 해석할 수 있는데, 무언가가 거슬리거나 짜증나는 감정을 표현할 때 사용합니다. 동일한 표현으로 'drive (someone) nuts'도 함께 기억해 주세요.

TODAY'S SCRIPT

I volunteered to babysit my two nephews for my sister. I wanted her and her husband to enjoy their anniversary. Besides, I'm really good with kids, so I was pretty confident. My nephews and I were having fun. Then, at one point, the kids noticed their parents were gone. One kid started crying, and the other followed suit. It's been an hour since they started crying. I've been trying everything to soothe them, but nothing seems to be working. It's driving me crazy.

내 언니를 위해 조카 두 명을 봐주겠다고 했어. 언니랑 형부가 결혼기념일에는 즐겁게 보내게 해 주고 싶었거든. 게다가 나는 원래 애들을 잘 돌봐서 꽤나 자신 있었어. 조카들이랑 나는 재밌게 놀고 있었는데, 어느 순간 애들이 엄마 아빠가 없어진 걸 눈치챈 거야. 한 아이가 울기 시작하더니, 다른 아이도 따라 울더라고. 둘이서 울기 시작한 지 어느덧 울기 시작한 지 한 시간이 되어 가. 애들을 달래려고 온갖 방법을 써 봤는데, 아무것도 먹히질 않네. 정말 미치겠어.

KEY EXPRESSIONS

1 Volunteer to ~ ~하기를 자진하다, 자원봉사하다

I volunteered to help out at the animal shelter.
나는 동물 보호소에서 봉사하겠다고 자원했어.

Does anyone want to volunteer to take the trash out?
자진해서 쓰레기 버리러 나갔다 올 사람 있어?

2 At one point 한때는, 어느 순간

I was a naive freshman at one point.
나도 한때는 순진무구한 신입생이었지.

At one point, I realized I didn't like my job, so I quit.
어느 순간 내가 내 일을 즐거워하지 않는다는 것을 깨닫고 관뒀어.

3 Follow suit 뒤따르다, 따라 하다

If his older brother says yes, he always follows suit.
형이 좋다 그러면 동생도 항상 뒤따라서 좋다 그래.

I look up to my boss. I hope to follow suit.
나는 내 상사를 존경해. 나도 같은 길을 걷고 싶어.

4 Drive (someone) crazy (누군가를) 미치게 하다

Stop nagging on me. You're driving me crazy.
잔소리 좀 그만해. 너 때문에 미치겠어.

The noise from upstairs is starting to drive me crazy.
위층 소음 때문에 슬슬 미칠 것 같아.

WORDS

volunteer 자원하다, 자진하다 babysit 아이를 봐주다 nephew (남자) 조카 anniversary 기념일 besides 게다가 confident 자신 있는 notice 눈치채다, 알아차리다 soothe 진정시키다, 달래다 work 효과가 있다

DAY 022

Review Quiz

DAY 012~ 021

01 **Hope you ________________ at the party!**

파티에서 즐거운 시간 보내고 와!

02 **________________ of this movie is the ending.**

이 영화에서 가장 좋았던 것은 결말이야.

03 **I'm going to New York next week. I'm so ________________!**

나 다음 주에 뉴욕에 가. 너무 신나!

04 **I'm ________________ work. Go have dinner without me.**

나 일이 너무 바빠. 나 빼고 가서 저녁 먹어.

05 **It didn't rain today. What ________________!**

오늘 비가 안 왔어. 정말 다행이야!

06 **There is ________________ you will lose.**

절대 네가 질 리가 없어.

07 **You can't ________________ to the party? That's a bummer!**

파티에 올 수 없다고? 아쉽다!

08 **Everyone was ________________ by his rude comment.**

모두가 그의 무례한 말에 당황했어.

09 **Please don't ________________.**

제발 내 말을 오해하지 마.

10 **I ________________ stress you out.**

너에게 스트레스를 주려는 건 아니야.

11 **I am ________________ insomnia.**

나는 불면증으로 고생 중이야.

12 **I ________________ you to come so soon.**

네가 이렇게 일찍 올 거라 예상하지 못했어.

13 **I ________________ the smell. It's too strong.**

이 냄새를 못 견디겠는데. 너무 세다.

14 **I ________________ the cold.**

나는 추위는 신경 안 써.

15 **Stop nagging on me. You're ________________.**

잔소리 좀 그만해. 너 때문에 미치겠어.

정답 **01.** have a blast **02.** The best part **03.** pumped **04.** swamped with **05.** a relief **06.** no way **07.** make it **08.** taken aback **09.** get me wrong **10.** don't mean to **11.** struggling with **12.** didn't expect **13.** can't stand **14.** don't mind **15.** driving me crazy

DAY 023 I got hooked on it. 그거에 빠졌어.

DAY 024 It's not my cup of tea. 제 취향은 아니에요.

DAY 025 I'm not a big fan of sweets. 나는 단 걸 그렇게 좋아하지 않아.

DAY 026 That's my go-to. 내가 즐겨 찾는 거야.

DAY 027 It's not about the amount of time. 시간의 양이 중요한 건 아니야.

DAY 028 I'm into it. 그거에 빠져 있어.

DAY 029 I'm in love with it. 나는 이게 정말 좋아.

DAY 030 That's my biggest pet peeve. 내가 가장 극혐하는 거야.

DAY 031 It's not really my thing. 나랑은 안 맞아.

DAY 032 I'm passionate about it. 나는 여기에 열정이 있어.

DAY 033 Review Quiz

Part 03

취향/취미 관련 표현

DAY 023

I got hooked on it.

그거에 빠졌어.

hook은 '누군가를 낚다'라는 의미로, 'get hooked'는 수동태로 '낚이다'라는 의미가 되어 일상에서는 무언가에 꽂히거나 푹 빠져서 그것만 찾을 때 사용할 수 있습니다.

TODAY'S SCRIPT

When TikTok first came out, I was not interested at all. People were sharing their dance videos on TikTok. Since I was never into dancing, I didn't bother trying it. However, as it gained popularity, all of my friends began to use it. Eventually, they talked me into filming a couple videos with them. It was surprisingly fun, and I soon got hooked on it. Now, I upload my own videos for fun. I can see why people say TikTok is addictive.

처음 틱톡이 나왔을 때 나는 전혀 관심이 없었어. 사람들이 틱톡에 춤추는 영상을 올리는데, 나는 춤에 관심이 없어서 시도해 볼 생각도 안 했어. 근데 점점 인기가 많아지면서 내 친구들이 다 틱톡을 사용하기 시작하더라고. 결국 친구들이 영상 몇 개를 같이 찍자고 설득해서 나도 같이 찍어 봤어. 놀랍게도 재미있어서 금방 빠져들게 된 거야. 지금은 재미로 나 혼자 영상을 찍어서 올리기도 해. 틱톡이 왜 중독적이라고 하는지 알겠더라고.

KEY EXPRESSIONS

1 Not at all 전혀

It doesn't seem like she cares at all.
그녀는 전혀 신경 쓰지 않는 것처럼 보이는데.

I'm not happy at all with my job.
나는 지금 직업이 전혀 만족스럽지 않아.

2 not bother ~ ~하려 애쓰지 않다, 굳이 ~하지 않다

Don't bother coming. It's too far for you.
굳이 오지 않아도 돼. 너한테 너무 멀잖아.

I didn't bother asking him. He's always busy anyways.
걔한테는 굳이 묻지도 않았어. 어차피 걘 항상 바쁘잖아.

3 Get hooked on ~ ~에 빠지다, 꽂히다, 중독되다

I got hooked on cheese after traveling to France.
난 프랑스에 여행 다녀 온 이후로 치즈에 빠졌어.

Kids can easily get hooked on video games.
애들은 쉽게 비디오 게임에 중독될 수 있어.

4 For fun 재미로, 취미로, 장난삼아

I'm just studying English for fun.
난 그냥 재미로 영어 공부하는 거야.

What do you like to do for fun?
취미로는 뭐하는 걸 좋아해?

WORDS

come out 출시되다 interested 관심이 있는 share 공유하다, 나누다 be into ~ ~에 관심이 있다 popularity 인기 eventually 결국에는 talk (someone) into ~ ~하도록 설득하다 surprisingly 놀랍게도 upload 올리다 addictive 중독적인

DAY 024

It's not my cup of tea.

제 취향은 아니에요.

싫어하는 것까지는 아닌데 '선호하지 않다', '딱히 좋아하지 않다'라고 얘기할 때 자주 사용하는 표현입니다. 차를 워낙 즐겨 마시는 영국에서 유래된 표현으로, 차 마시는 것이 그들의 일상에 뿌리를 깊게 내린 만큼 취향을 나타낼 때에 차에 빗대어 표현하게 되었습니다.

TODAY'S SCRIPT

Although some may prefer working in a team, it's not my cup of tea. I prefer working independently for many reasons. First, I can work at my own pace. I work more efficiently when I can manage my own time. Second, it is less stressful to work alone. I can make decisions without anyone's approval. Also, I can stay more focused. I dislike being interrupted by others.

비록 어떤 사람들은 팀으로 일하는 것을 선호할 수 있지만, 내 취향은 아니야. 나는 여러 이유로 혼자 일하는 걸 선호하는데, 첫째로는 내가 원하는 속도로 일할 수 있다는 거야. 나는 내 시간을 스스로 관리할 수 있을 때 더 효율적으로 일할 수 있어. 둘째로는 혼자 일하는 게 덜 스트레스가 돼. 누군가의 허락 없이 내가 결정을 내리면 되니까. 그리고 더 집중할 수 있어. 다른 사람들로부터 방해 받는 건 질색이거든.

KEY EXPRESSIONS

1 Prefer ~ ~를 선호하다, ~가 더 좋다

I prefer coke to sprite.
난 사이다보다 콜라가 더 좋아.

Do you prefer beer or soju?
넌 맥주랑 소주 중에 어떤 걸 선호해?

2 (One's) cup of tea (누군가의) 취향

Can we watch something else? This isn't my cup of tea.
우리 다른 거 보면 안 돼? 이건 내 취향이 아니야.

Do you like your gift? I wasn't sure if this is your cup of tea.
선물 마음에 들어? 네 취향인지 확실치가 않았어.

3 At (one's) own pace (누군가의) 페이스대로, 속도로

You can go ahead of me. I'll run at my own pace.
먼저 가도 돼. 나는 내 페이스대로 뛸게.

Homeschooled kids can study at their own pace.
홈 스쿨링을 받는 애들은 그들의 페이스대로 공부할 수 있어.

4 Make a decision 결정을 내리다

We need to make a decision by tonight.
오늘 밤까지는 우리 결정을 내려야 해.

Let's think about it before we make a decision.
결정을 내리기 전에 우선 생각을 해 보자.

WORDS

although ~하겠지만 independently 독립적으로, 혼자서 reason 이유 pace 속도 efficiently 효율적으로 manage 관리하다 stressful 스트레스가 많은 approval 승인, 허가 interrupt 방해하다

DAY 025

I'm not a big fan of sweets.

나는 단 걸 그렇게 좋아하지 않아.

이 표현은 '난 ~를 딱히 좋아하지 않아' 정도의 의미로, 무언가를 싫어한다기보다 단순히 불호를 나타낼 때에 많이 사용합니다. 반대로 무언가를 매우 좋아한다면 긍정문으로 만들어서 "I'm a big fan of ~."라고 할 수 있습니다.

TODAY'S SCRIPT

I'll pass on dessert and just drink coffee. I'm not a big fan of sweets. I used to be a huge fan of sweets when I was younger. I would have chocolate chip cookies every day. Also on my birthdays, I would have the whole cake all to myself. That's how much I loved sweets. As years went by, I naturally drifted away from anything sweet. These days, I tend to eat healthier. I never really crave sweets anymore.

나 디저트는 안 먹고 그냥 커피만 마실게. 단 걸 그렇게 좋아하지 않아서 말야. 사실 어렸을 때는 단 걸 엄청 좋아했었어. 매일 초코칩 쿠키를 먹을 정도였고, 생일에는 홀 케이크 하나를 혼자서 다 먹었어. 그 정도로 단 걸 좋아했었어. 근데 해가 갈수록 자연스럽게 단것으로부터 멀어지더라고. 요즘은 좀 더 건강하게 먹는 경향이 있는 것 같아. 이제 단 게 그렇게 당기지도 않아.

KEY EXPRESSIONS

1 Pass on ~ ~는 안 하고 넘어가다, ~는 사양하다

I'll pass on the wine. I don't drink.
나 와인은 안 먹을래. 난 술을 안 마셔.

I'll pass on this opportunity. Maybe next time.
이번 기회는 사양할게요. 다음에 되면 할게요.

2 Be a big fan of ~ ~를 매우 좋아하다

I'm a big fan of hiking.
난 등산을 너무 좋아해.

I'm not a big fan of Korean food.
저는 한식을 그렇게 좋아하지 않아요.

3 Drift away from ~ ~로부터 멀어지다

Once you become an adult, you drift away from your parents.
어른이 되고 나면 부모님으로부터 멀어지곤 한다.

I've drifted away from my friends as I got busy with work.
일로 바빠지면서 친구들로부터 멀어졌다.

4 Tend to ~ ~하는 경향이 있다

I tend to pick at my lips when I'm nervous.
나는 긴장할 때 입술을 뜯는 경향이 있다.

I tend to have a hard time waking up in the morning.
나는 아침에 일어나는 걸 힘들어하는 경향이 있다.

WORDS

dessert 디저트 sweets 단것 whole cake 홀 케이크 all to myself 혼자서 go by 지나가다
naturally 자연스럽게 healthier 더 건강하게 crave (음식이) 당기다

DAY 026

That's my go-to.

내가 즐겨 찾는 거야.

'one's go-to'라고 하면 누군가가 자주 찾거나 즐겨 찾는 사람, 사물, 장소를 의미합니다. 예를 들어, 'my go-to person'이라고 하면 '내가 자주 찾아가는 사람', 'my go-to restaurant' 하면 '내가 자주 가는 단골집', 'my go-to song' 하면 '내가 자주 듣는 음악'을 의미합니다.

TODAY'S SCRIPT

I enjoy watching movies whenever I have some time to kill. My favorite movie genre is comedy. That's my go-to, especially when I am stressed out. Comedy movies make me laugh hard. Laughing helps me forget my worries and reduce my stress. Eventually, it puts me in a better mood. People say laughter is the best medicine. I guess this is true.

나는 여유 시간이 있을 때면 영화 보는 것을 좋아해. 내가 가장 좋아하는 영화 장르는 코미디야. 특히 나는 스트레스 받았을 때 코미디 영화를 즐겨 찾곤 해. 코미디 영화는 내가 배꼽 빠지도록 웃게 해 줘. 웃다 보면 나는 내 걱정거리를 잊게 되고, 스트레스도 완화돼. 결국에는 내 기분이 좋아지더라고. 사람들은 웃음이 보약이라고 하지. 나도 이 말이 맞는 것 같아.

KEY EXPRESSIONS

1 Time to kill 남는 시간

I have some time to kill before the meeting.
나 회의 전에 잠깐 시간이 남아.

I was laid off, so I have a lot of time to kill.
나 해고돼서 시간이 엄청 많아.

2 Be one's go-to ~ (누군가가) 자주/즐겨 찾는 ~이다

Kylie is my go-to person when I need relationship advice.
나는 연애 상담이 필요할 때에는 카일리를 찾아가곤 해.

This is my go-to recipe when I am hungry but feel lazy.
나는 배고픈데 귀찮을 때에는 이 레시피를 즐겨 만들곤 해.

3 Laugh hard 배꼽 빠지게 웃다

His joke made everyone in the office laugh hard.
그의 농담 때문에 사무실에 있는 사람들 전부 배꼽 빠지게 웃었어.

I was laughing so hard that I almost cried.
나는 너무 배꼽 빠지도록 웃은 나머지 거의 울 뻔 했어.

4 Put (someone) in a better mood ~를 기분 좋게 하다

Coffee in the morning puts me in a better mood.
아침 커피는 나를 기분 좋게 해.

When you are stressed, running can put you in a better mood.
스트레스를 받았을 때 뛰면 기분이 좋아질 수 있어.

WORDS

genre 장르　stressed out 스트레스를 받은　reduce 줄이다, 완화시키다　eventually 결국에는
laughter 웃음　guess 추정하다　true 사실인

DAY 027

It's not about the amount of time.

시간의 양이 중요한 건 아니야.

priority는 '우선권'이라는 의미로, 내가 중요하게 여기는 우선순위에 대해 얘기할 때에 자주 사용되는 단어입니다.

TODAY'S SCRIPT

When I'm busy with work, I get tempted to bring work home. It would definitely be nice to get some work done at home. However, I made a commitment to never do so. At home, I want to be able to focus on my family. I stand by the phrase 'quality over quantity.' I believe it's not about the amount of time spent together. What matters more is that I give my family my fullest attention. At the end of the day, my family is my priority, not my career.

일로 바쁠 때에는 집에 가져와서 일하고 싶어져. 집에서 일을 끝낼 수 있으면 당연히 좋겠지. 근데 나는 절대 그러지 않기로 스스로 약속했어. 집에서는 내 가족에게 온전히 집중하고 싶거든. 나는 '양보다 질'이라는 말을 믿어. 함께 보내는 시간의 양보다 더 중요한 것은 내가 가족에게 온전한 관심을 주는 것이라고 생각해. 결국 나에게는 커리어가 아닌 내 가족이 먼저니까.

KEY EXPRESSIONS

1 Stand by 믿다, 고수하다, 지지하다

I stand by what I said earlier.
난 내가 아까 한 말을 고수해.

Do you stand by the new policy?
너는 그 새로운 정책을 지지해?

2 It's not about ~ ~가 중요한 건 아니다

It's not about the looks. Personality is more important.
외모가 중요한 건 아니야. 성격이 더 중요하지.

It's not about winning. Just do your best.
이기는 게 중요한 건 아니야. 그냥 최선을 다해.

3 What matters is ~ 중요한 것은 ~이다

I don't care what anyone else thinks. What matters is you're on my side.
다른 사람이 어떻게 생각하건 상관없어. 중요한 건 네가 내 편이라는 거지.

Don't be discouraged. What matters is you have a second chance.
너무 기죽지 마. 중요한 건 너에게는 다시 한 번의 기회가 있다는 거야.

4 At the end of the day 결국에는, 결론적으로

At the end of the day, we're all only human.
결국 우리는 모두 인간일 뿐이야.

At the end of the day, you deserve to be happy.
결론적으로 너는 행복할 자격이 있다는 말이야.

WORDS

get tempted 유혹되다 bring home 집에 가져오다 definitely 당연히, 확실히
commitment 약속 quality 질 quantity 양 matter 중요하다 attention 관심, 집중

DAY 028

I'm into it.

그거에 빠져 있어.

무언가에 빠지거나 꽂혀서 한동안 그것만 먹거나 듣거나 보거나 할 때 사용할 수 있는 표현입니다. 'I'm into ~' 뒤에 내가 꽂힌 대상을 넣어서 다양한 문장을 만들 수 있습니다.

TODAY'S SCRIPT

I saw on TV that running is good for your body. I was looking for a hobby at that time, so I decided to give it a try. I started running once a week. In the beginning, I'd run out of breath so quickly. I couldn't run for more than 10 minutes. But over time, I noticed changes in my body. I could run much longer. Also, I felt energized after every run. Now, I'm completely into it. I go for an hour-long run every day. If you are looking for a hobby too, I highly recommend running!

TV에서 봤는데 달리기가 몸에 좋다더라고. 그 당시에 취미를 찾고 있었던 터라 한번 해 보기로 했어. 일주일에 한 번씩 달리기 시작했는데 처음에는 너무 빨리 숨이 차서 10분 이상 뛰지를 못했어. 근데 시간이 지날수록 몸에 변화가 느껴지더라. 훨씬 오래 뛸 수 있고, 뛰고 나면 매번 에너지가 넘쳐. 이제는 완전히 빠져서 매일 한 시간씩 뛰어. 혹시 너도 취미를 찾고 있다면 달리기를 강력히 추천해!

KEY EXPRESSIONS

1 Be good for ~ ~에 좋다

Exercising is good for your health.
운동은 건강에 좋아.

This posture is not good for you.
이 자세가 너한테 안 좋아.

2 Look for ~ ~을 찾다, 구하다

I'm looking for a job opportunity.
난 일자리를 찾고 있어.

Can you look for my keys?
내 열쇠 좀 찾아줄 수 있어?

3 Run out of ~ ~이 떨어지다, 소진하다

We're running out of milk in the fridge.
우리 냉장고에 우유가 떨어지고 있어.

I ran out of gas, so I had to stop by the gas station.
차에 기름이 떨어져서 주유소에 잠깐 들렀어야 했어.

4 Be into ~ ~에 빠지다, 좋아하다

I'm so into you. I want to get to know you better.
난 너에게 빠졌어. 너를 더 알아가고 싶어.

It's interesting that people around the world are into K-pop.
전 세계 사람들이 K-pop을 좋아한다는 게 신기해.

WORDS

hobby 취미 생활 decide 결정하다 breath 숨 over time 시간이 지나면서 notice 눈치채다, 알아차리다 change 변화 energize 기운을 주다 run 달리기, 뛰기 an hour-long 한 시간짜리 highly 매우, 몹시 recommend 추천하다

DAY 029

I'm in love with it.

나는 이게 정말 좋아.

'be in love with ~'는 '~와 사랑에 빠지다'라는 의미가 있어 보통 사랑하는 사람에 대해서만 사용한다고 생각하는데, 더 나아가서 취미, 취향 등 내가 좋아하는 것에 대해 얘기할 때 사용할 수 있습니다.

TODAY'S SCRIPT

I picked up a new hobby recently. I paint every evening at home. It's become a part of my daily routine. After work, I come home, have dinner, and then prepare to paint. This way, I am able to spend two to three hours enjoying painting. It is even better with a glass of wine and some jazz music. Painting has been incredibly therapeutic for me. I'm in love with it.

최근에 나는 새로운 취미 하나가 생겼어. 매일 저녁에 집에서 그림을 그려. 이제는 이게 내 일상의 일부가 되었어. 일 끝나고 집에 돌아오면, 저녁 식사를 하고 그림 그릴 준비를 해. 이렇게 하면 두세 시간 정도는 그림 그리며 즐길 수 있어. 와인 한 잔과 재즈 음악과 함께 하면 금상첨화지. 그림 그리는 게 나에게는 엄청 힐링이야. 난 이게 정말 좋아.

KEY EXPRESSIONS

1 I picked up ~ ~가 생기다

I picked up the habit of making my bed every morning.
난 아침마다 침대를 정리하는 습관이 생겼어.

I picked up a new interest in luxury brands.
난 명품에 새로운 관심이 생겼어.

2 A part of ~ ~의 일부

I'm proud to be a part of this team.
난 이 팀의 일원이어서 자랑스럽다.

I cleaned up only a part of the house.
난 집 일부만 겨우 치웠어.

3 Be able to ~ ~할 수 있다

I'm able to cook tonight. What are you feeling?
내가 오늘 저녁에 요리할 수 있어. 뭐 먹고 싶어?

Are you able to pick up the kids today?
당신이 오늘 애들 데리고 올 수 있어?

4 Be in love with ~ ~와 사랑에 빠지다, 정말 좋다

I'm in love with my new dining table.
내 새로 산 식탁이 정말 좋아.

I'm in love with the book you recommended.
네가 추천해 준 책 정말 좋아.

WORDS

hobby 취미 recently 최근에 daily 하루의 routine 일과 prepare 준비하다 spend (시간을) 보내다 be even better 금상첨화다 incredibly 엄청나게 therapeutic 힐링이 되는

DAY 030

That's my biggest pet peeve.

내가 가장 극혐하는 거야.

'pet peeve'는 미국 문화권에서 '나를 짜증나게 하는 것'을 일컫습니다. 어떤 물건이나 상황일 수도 있고, 남들이 하는 어떤 습관이나 행동일 수도 있습니다. 내가 극혐하는 모든 것을 'pet peeve'라고 부릅니다.

TODAY'S SCRIPT

Living in Korea, I've become used to having the best internet service. Korea is known for its fast internet speed. Also, Wi-Fi is available everywhere. It is incredibly convenient. However, when I travel abroad, it's often a different story. The internet can be super slow, and not many places have Wi-Fi. I get very frustrated when this happens. I think this is my biggest pet peeve when traveling.

한국에 살면서 난 최고의 인터넷 서비스에 익숙해졌어. 한국은 빠른 인터넷 속도로 유명하잖아. 그리고 어디를 가나 와이파이가 있어서 엄청 편리해. 반면에 해외 여행을 가면 완전히 다를 때가 있어. 인터넷은 엄청 느리고 와이파이가 되는 곳도 많지 않은데, 이럴 때면 엄청 짜증이 나더라고. 이게 내가 여행 다닐 때 가장 극혐하는 부분인 것 같아.

KEY EXPRESSIONS

1 Become used to ~ ~에 익숙해지다

I've become used to working out every day.
매일 운동하는 것에 익숙해졌어.

I've become used to your cooking.
네가 만드는 음식에 익숙해지게 됐어.

2 Be known for ~ ~로 유명하다, 알려지다

She is known for her mukbangs.
그녀는 먹방으로 알려졌어.

They are known for raising ten dogs.
저 집은 강아지 열 마리를 키우는 걸로 유명해.

3 Be a different story 다른 얘기다, 완전히 다르다

I thought raising one kid was hard, but having two kids is a different story.
나는 아이 한 명을 키우는 게 힘든 줄 알았는데, 두 명은 또 다른 얘기더라.

Watching soccer is one thing, but playing is a different story.
축구 경기를 보는 것과 직접 뛰는 것은 완전히 다른 얘기야.

4 Pet peeve 극혐하는 것

Lukewarm coffee is one of my pet peeves. I like it hot.
미지근한 커피는 극혐이야. 난 뜨거운 게 좋아.

My pet peeve is people sneezing without covering their mouth.
입을 가리지 않고 재채기하는 사람들은 극혐이야.

WORDS

available 사용 가능한 incredibly 엄청나게 convenient 편리한 abroad 해외에 often 종종 frustrated 짜증이 난

DAY 031

It's not really my thing.

나랑은 안 맞아.

이 표현은 "내 것은 아니야."라는 의미로, 나랑 잘 안 맞는 것, 더 구체적으로는 내 취향이 아닌 것이나 내가 소질이 없는 것에 대해 얘기할 때 사용합니다. 이 표현은 격식 있는 표현이 아닌 캐주얼한 표현이라는 것을 기억해 주세요.

TODAY'S SCRIPT

All my friends enjoy watching sports games. They get together on game nights to watch the game on TV. They even go to stadiums to watch big games in person. Although they say it's fun, I never join them. Sports is not really my thing. I don't follow any sports, so I don't know any of the rules or the players. Also, it feels a bit intimidating to be surrounded by loud, hyper people. I'd rather quietly stay home and watch what I enjoy.

내 친구들은 모두 스포츠 경기를 보는 걸 좋아해. 경기하는 날 밤이면 모여서 TV로 시청하고, 심지어 큰 경기는 직접 관람하러 경기장에 가기도 해. 걔들은 재미있다고 하지만, 나는 절대 함께 하지 않아. 스포츠는 별로 관심이 없거든. 어떤 스포츠도 즐겨 보지 않기 때문에 경기 규칙이나 선수들을 알지도 못해. 그리고 시끄럽고 흥분한 사람들 사이에 있는 게 조금 겁나기도 해. 차라리 조용히 집에서 내가 좋아하는 걸 보겠어.

KEY EXPRESSIONS

1 Enjoy -ing ~하는 것을 즐기다, 좋아하다

Do you enjoy watching documentaries?
너는 다큐멘터리 보는 걸 좋아하니?

I enjoy going on a hike with my dad.
난 아빠랑 등산하는 걸 좋아해.

2 Get together 모이다

Let's get together for dinner sometime.
언제 다 같이 모여서 저녁 먹자.

Do you want to get together for Christmas?
우리 크리스마스 때 모일까?

3 It's my thing 내 취향이야, 내 전문이야, 나랑 딱이야

I only drink iced drinks. It's my thing.
나는 아이스 음료만 마셔. 그게 내 취향이야.

I'm not into luxury brands. It's not my thing.
나는 명품에 관심이 없어. 내 취향은 아니야.

4 I'd rather ~ 차라리 ~하겠어

I'd rather invest than buy a car.
나는 차를 사느니 차라리 투자를 하겠어.

I'd rather work than do nothing.
아무것도 안 하느니 차라리 일을 하겠어.

WORDS

sports game 스포츠 경기 stadium 경기장 big game 큰 경기 in person 직접 join 함께 하다 rule 규칙 player 선수 intimidating 겁나는 surround 둘러싸다 hyper 흥분한

DAY 032

I'm passionate about it.

나는 여기에 열정이 있어.

내가 열정을 갖고 있는 것에 대해 얘기할 때 사용할 수 있는 표현으로, about 뒤에 열정이 있는 분야를 붙여서 얘기해도 좋습니다.

TODAY'S SCRIPT

Mental health is getting more attention in Korea these days. There are many TV shows that address this topic. Even celebrities open up about their struggles. I find this positive because I'm passionate about the subject. More people are facing mental health challenges in today's society. However, people are still hesitant to openly discuss it. We should break this taboo. We should encourage people to talk about it and seek help.

요즘에는 한국에서 정신 건강에 대한 관심이 커지고 있어. 이 주제를 다루는 TV 프로그램도 많고, 심지어 연예인들도 어려움을 털어놓기도 해. 나는 이걸 긍정적으로 보는데, 나도 이 주제에 대해 열정이 있기 때문이야. 현대 사회에서 더 많은 사람들이 정신 건강 문제에 직면하고 있는데, 아직도 사람들은 이걸 터놓고 얘기하는 걸 주저하는 것 같아. 우리는 이 금기를 깨야 해. 사람들이 이것에 대해 더 얘기하고 도움을 요청할 수 있도록 장려해야 해.

KEY EXPRESSIONS

1 Get attention 주목 받다, 관심을 끌다

Can I get everyone's attention, please?
모두 집중해 주시겠어요?

Kids always want to get their parents' attention.
아이들은 언제나 부모님들의 관심을 받고 싶어 한다.

2 Open up about ~ ~에 대해 터놓다

The actor opened up about his divorce.
그 배우는 본인의 이혼에 대해 터놓았다.

I want to open up about my thoughts.
내 생각을 터놓고 싶어.

3 Be passionate about ~ ~에 대해 열정적이다

I am passionate about eating healthy.
난 건강한 식습관에 대해 열정적이다.

I respect people that are passionate about their work.
나는 자신의 일에 열정적인 사람들이 존경스러워.

4 Face challenges 어려움에 직면하다

Did you face any challenges when studying English?
영어 공부하면서 어려움에 직면한 적이 있나요?

When I face challenges, I usually don't meet anyone.
난 어려움에 직면하면 아무도 만나지 않는 편이야.

WORDS

mental health 정신 건강 attention 주의, 주목, 관심 address 다루다 celebrity 연예인, 유명인 struggle 어려움, 싸움 positive 긍정적인 subject 주제 today's society 현대 사회 hesitant 머뭇거리는 taboo 금기 encourage 권장하다, 장려하다

DAY 033

Review Quiz

DAY 023~ 032

01 **I soon ______________ it.**

나 금방 그것에 빠져들었어.

02 **What do you like to do ______________?**

취미로는 뭐하는 걸 좋아해?

03 **It's not ______________.**

제 취향은 아니에요.

04 **I'm ______________ of hiking.**

난 등산을 너무 좋아해.

05 **I ______________ pick at my lips when I'm nervous.**

나는 긴장할 때 입술을 뜯는 경향이 있다.

06 **This is ______________ recipe when I am hungry but feel lazy.**

나는 배고픈데 귀찮을 때에는 이 레시피를 즐겨 만들곤 해.

07 **I have some ______________ before the meeting.**

나 회의 전에 잠깐 시간이 남아.

08 **It's ______ winning. Just do your best.**

이기는 게 중요한 건 아니야. 그냥 최선을 다해.

09 **I'm so ______ you. I want to get to know you better.**

난 너에게 빠졌어. 너를 더 알아가고 싶어.

10 **I'm ______ a job opportunity.**

난 일자리를 찾고 있어.

11 **I'm ______ with my new dining table.**

내 새로 산 식탁이 정말 좋아.

12 **I'm proud to be ______ this team.**

난 이 팀의 일원이어서 자랑스럽다.

13 **Lukewarm coffee is one of my ______. I like it hot.**

미지근한 커피는 극혐이야. 난 뜨거운 게 좋아.

14 **I only drink iced drinks. It's ______.**

나는 아이스 음료만 마셔. 그게 내 취향이야.

15 **Let's ______ for dinner sometime.**

언제 다 같이 모여서 저녁 먹자.

정답 **01.** got hooked on **02.** for fun **03.** my cup of tea **04.** a big fan **05.** tend to **06.** my go-to **07.** time to kill **08.** not about **09.** into **10.** looking for **11.** in love **12.** a part of **13.** pet peeves **14.** my thing **15.** get together

Part 04

일상 표현

DAY 034

Let's give it a go.

한번 해 보자.

이 표현에서 go는 '시도'라는 의미의 명사로 쓰여, 결과는 불확실하지만 한번 시도해 보자고 제안할 때 사용하는 표현입니다. 같은 의미로 "Let's give it a shot.", "Let's give it a try."도 있습니다.

TODAY'S SCRIPT

Running my own restaurant has been my lifelong dream. I've been saving up for my dream since I was young. And guess what? I've finally saved enough to open a restaurant! Also, I stumbled upon a perfect location that's up for lease. This is the perfect timing to jump in, but I wanted to think it through. I've contemplated it for over a month, but I think I've reached a decision. It's now or never. Let's give it a go!

내 음식점을 운영하는 게 내 평생의 꿈이었어. 이 꿈을 위해 어렸을 때부터 돈을 모아 왔어. 근데 대박인 건 뭐게? 드디어 음식점을 차릴 수 있는 충분한 돈을 모았어! 그리고 완벽한 위치에 있는 임대 가능한 장소도 우연히 찾았어. 지금이 뛰어들기에 완벽한 타이밍이지만, 충분히 고민해 보고 싶었어. 그래서 한 달 정도 고민해 보았는데, 이제 결정이 난 것 같아. 이런 기회는 다시 오지 않아. 한번 해 보자!

KEY EXPRESSIONS

1 Stumble upon ~ ~을 우연히 만나다, 우연히 찾다

I stumbled upon a café with a beautiful view.
전망이 좋은 카페를 우연히 찾게 됐어.

I stumbled upon your Instagram page.
네 인스타그램 계정을 우연히 봤어.

2 Jump in 뛰어들다, 덜컥 시작부터 하다

The water feels nice. You should jump in!
물 온도가 적당한데? 뛰어들어!

Feel free to jump in our conversation anytime.
우리의 대화 중에 언제든지 편하게 끼어들어도 돼.

3 Think through 충분히 생각하다, 고민하다

You should think it through before responding.
대답하기 전에 충분히 생각해 보는 게 좋을 것 같아.

I didn't have enough time to think it through.
충분히 생각할 시간이 없었어.

4 Give it a go 시도해 보다, 한번 해 보다

I want to try Pilates. I'll give it a go this weekend.
필라테스를 해 보고 싶은데, 이번 주말에 한번 해 봐야지.

Cooking is fun. You should give it a go sometime.
요리하는 거 재밌는데, 너도 언제 한번 해 봐.

WORDS

run 운영하다, 경영하다 lifelong 평생 동안의 save up 저축하다, 돈을 모으다 up for lease 임대 가능한 timing 타이밍, 시기 contemplate 심사숙고하다 reach a decision 결정을 내리다

DAY 035

I saw it coming.

그럴 줄 알았어.

이 표현을 직역하면 "그게 오는 걸 봤다."라는 의미로, "그럴 거라 예상했어." 또는 "그럴 줄 알았어."라는 뜻으로 사용됩니다. '어떤 일이 일어날 거라고 미리 짐작했기 때문에 놀랍지 않다, 또는 일어난 일련의 사건을 보아하니 이러한 결과가 나올 수 밖에 없다'라는 뉘앙스로 주로 사용합니다.

TODAY'S SCRIPT

My brother had an interview recently. It was with one of the largest companies in Korea. He had high hopes, but unfortunately, he received bad news. To be honest, I saw it coming. He's been distracted lately. He couldn't seem to focus on anything. Also, he didn't put in any effort to get the job. I actually never saw him preparing for his interview. Opportunities like this don't come around very often, so I feel very sad for him. I hope he learns his lesson and does better in his future interviews.

내 남동생이 최근에 면접을 봤는데, 한국에서 가장 큰 기업 중에 하나였거든. 엄청 큰 기대를 했던 것 같은데, 안타깝게도 안 좋은 소식을 들었어. 솔직히 난 그럴 줄 알았어. 걔 최근에 정신이 산만했었거든. 아무것에도 집중을 하지 못하는 거야. 게다가 이 직장을 얻기 위해 아무 노력도 하지 않았어. 면접 준비하는 걸 본 적이 없다니까? 이런 기회는 자주 오지 않는데, 그래서 내가 다 안타까워. 이번 경험을 통해 걔가 교훈을 얻고 향후 면접에서는 더 잘했으면 좋겠어.

KEY EXPRESSIONS

1 Have high hopes 기대가 크다

I have high hopes for the new movie.
난 새로 나온 그 영화에 대한 기대가 커.

I have high hopes for my business.
난 내 사업에 대한 기대가 커.

2 See it coming 예상하다

The ending wasn't surprising at all. I saw it coming.
결말이 전혀 놀랍지 않았어. 예상했거든.

I knew you guys would get back together. I saw it coming.
너희 재결합할 줄 알았어. 예상했거든.

3 Come around 돌아오다

New Year's has come around once again.
새해가 또 다시 돌아왔네요.

Your turn will come around soon.
네 차례가 곧 돌아올 거야.

4 Learn one's lesson 교훈을 얻다, 깨달음이 있다

I know we messed up, but let's learn our lesson from this experience.
우리가 실수한 거 아는데, 이 경험을 통해 교훈을 얻어 가자.

I never go out in heels. I learned my lesson last time.
난 절대 힐을 신고 안 나가. 지난번에 깨달음을 얻었거든.

WORDS

interview 면접 recently 최근에 unfortunately 안타깝게도 to be honest 솔직히
distracted 산만한 lately 최근에 prepare 준비하다 do better 더 잘하다

DAY 036

It's up to you.

네가 결정해.

이 표현은 "너에게 달려 있어."라며 책임감을 부여할 때 사용할 수도 있지만 "네가 골라.", "네 마음대로 해."라는 의미로 상대방에게 결정권을 줄 때 사용하기도 합니다. 비슷한 표현으로 "It's your call."까지 함께 외워 주세요.

TODAY'S SCRIPT

I feel like I always choose what to eat. This time, it's up to you. Let me give you a couple options, since you don't know this area. There is an Italian restaurant down the street. It is a bit pricey, but the experience is worth it. Another option is Chinese food that is a five-minute walk from here. This place is really popular so there might be a long wait. Last is a Korean barbeque place two blocks down. Out of these options, what are you feeling?

항상 내가 뭘 먹을지 선택하는 것 같아. 이번에는 네가 결정해. 이 동네를 잘 모를 테니까 내가 몇 가지 선택지를 줄게. 거리를 내려가면 이탈리안 레스토랑이 있어. 가격대가 좀 높은데, 그럴 만한 가치가 있어. 다른 하나는 걸어서 5분 거리에 있는 중국 음식점이야. 이곳은 정말 인기가 많아서 대기 시간이 길 수도 있어. 마지막 선택지는 두 블록 걸어가면 있는 한국식 바비큐 집이야. 이 중에서 어떤 게 끌려?

KEY EXPRESSIONS

1 It's up to you 네가 결정해

Do you want to go out or stay home? It's up to you.
밖에 나갈래, 아니면 집에 있을래? 네가 결정해.

What do you want to name the puppy? It's up to you.
강아지 이름을 뭐로 지을까? 네가 결정해.

2 Be worth it 가치가 있다

Let's wait for one more hour. It'll be worth it.
딱 한 시간만 더 기다려 보자. 그만큼 가치가 있을 거야.

The ticket was expensive, but it was worth it.
표가 비쌌지만, 그만큼 가치가 있었어.

3 There is a long wait 대기 줄이 길다

There is a long wait at the restaurant. Do you mind waiting?
음식점 대기 줄이 긴데, 기다리는 거 괜찮아?

There is always a long wait during lunch time.
점심 시간에는 항상 대기 줄이 길어.

4 What are you feeling? 뭐가 끌려?

I have beer and wine. What are you feeling?
맥주랑 와인이 있는데, 뭐가 끌려?

What should we have for lunch? What are you feeling?
우리 점심에 뭐 먹을까? 뭐가 끌려?

WORDS

couple 몇 가지 option 선택지 pricey 비싼 five-minute walk 걸어서 5분 popular 인기 있는 wait 대기 줄 place ~하는 집

DAY 037

I need to take a breather.

잠깐 쉬어야겠어요.

breathe(숨 쉬다)라는 동사에서 파생된 breather은 '(숨 쉴 시간의) 휴식'이라는 의미입니다. 따라서 'take a breather'은 '숨을 고르다', '휴식하다'라는 의미를 갖습니다. 오래 쉬는 것이 아니라 잠깐 짬을 내서 쉬고 싶을 때 이 표현을 사용해 보세요.

TODAY'S SCRIPT

We've been in the meeting for almost three hours now. Everyone looks worn out from all the talking. How about we take a quick 10-minute break? I need to take a breather. We would all benefit from it. Grab a glass of water, stretch your legs, or even step outside for some fresh air. Please take this time to recharge. That's it everyone, we'll regroup in 10 minutes!

저희 지금 거의 세 시간째 회의 중이네요. 모두 말을 많이 해서 지쳐 보여요. 그럼 10분 정도 짧게 쉬는 시간을 갖는 게 어떨까요? 잠깐 쉬어야겠어요. 우리 모두에게 도움이 될 것 같아요. 물 한 잔 마시고, 다리도 좀 펴고, 아니면 밖에 잠깐 나가서 신선한 공기 좀 마시고 오세요. 이 시간을 활용해서 재충전하시길 바라요. 그럼 여러분, 10분 후에 다시 모여요!

KEY EXPRESSIONS

1 Be worn out from ~ ~ 때문에 지쳤다

I'm really worn out from my business trip.
나는 출장 때문에 너무 지쳤어.

Are you worn out from working out?
운동하고 와서 지쳤어?

2 How about ~? ~는 어때?

How about this shirt?
이 셔츠는 어때?

How about living in Songdo?
송도에 사는 건 어때?

3 Take a breather 숨 돌리다, 잠깐 쉬다

I was so busy that I couldn't take a breather.
난 너무 바빠서 숨 돌릴 새도 없었어.

Should we take a breather and grab some coffee?
우리 잠깐 쉬면서 커피나 사 올까?

4 Step outside 잠깐 밖에 나가다

I stepped outside to make a phone call.
전화하러 잠깐 밖에 나갔었어요.

Do you want to step outside and talk?
우리 잠깐 나가서 얘기할래?

WORDS

almost 거의 take a break 쉬다 benefit 이득을 취하다 stretch 스트레칭을 하다 fresh air 맑은 공기 recharge 재충전하다 regroup 다시 모이다

DAY 038

That's my biggest insecurity.

그게 내 가장 큰 콤플렉스야.

insecure은 '자신이 없는', '불안정한'이라는 의미로, 명사형인 insecurity는 '불안하게 만드는 것', '자신 없게 만드는 것', 다시 말해 '콤플렉스'를 의미합니다. 마음에 안 드는 나의 성격이나 외모에 대해 말할 때 사용할 수 있습니다.

TODAY'S SCRIPT

I have a big fear of public speaking. I freeze when I stand in front of an audience. That's my biggest insecurity. This wasn't a big concern throughout school. However, it's a big obstacle in my professional life. I often have to make presentations in front of clients. My fear of public speaking makes me appear less professional. My goal this year is to overcome my insecurity. I'm going to take speech classes every week to practice public speaking.

나는 사람들 앞에서 얘기하는 걸 매우 두려워해. 청중을 앞에 두고 있으면 완전히 얼어 버려. 그게 내 가장 큰 콤플렉스야. 학교에서는 큰 문제가 아니었거든. 근데 직장 생활에는 큰 장애물이야. 고객들 앞에서 발표할 일이 비일비재하거든. 근데 이 두려움이 나를 덜 전문적으로 보이게 만들어. 그래서 올해 내 목표는 콤플렉스를 극복하는 거야. 매주 스피치 수업을 들으면서 발표 연습을 할 거야.

KEY EXPRESSIONS

1 Be one's biggest insecurity 누군가의 가장 큰 콤플렉스이다

My loud voice is my biggest insecurity.
큰 목소리가 나의 가장 큰 콤플렉스야.

What is your biggest insecurity?
너의 가장 큰 콤플렉스는 뭐야?

2 Be an obstacle 장애물이 되다

My greed became an obstacle at the end of the day.
내 욕심이 결국에는 장애물이 되었어.

Language can be an obstacle for international couples.
국제 커플에게는 언어가 장애물이 될 수 있어.

3 Overcome ~ ~를 극복하다

We had to overcome our differences.
우리는 우리의 다름을 극복해야 했어.

I want to overcome my bad habit of biting my nails.
난 손톱을 뜯는 나쁜 습관을 극복하고 싶어.

4 Take classes 수업을 듣다

I enjoy taking Pilates classes.
나는 필라테스 수업 듣는 걸 좋아해.

Don't take too many classes. You'll get stressed later.
너무 많은 수업을 듣지 마. 나중에 스트레스 받아.

WORDS

fear 겁, 두려움 public speaking 연설, 발표 freeze 얼다 audience 청중 concern 걱정 professional life 직장 생활 presentation 발표 client 고객 insecurity 불안감, 두려움 practice 연습하다

DAY 039

It grew on me.

점점 정이 들더라고.

'grow on'은 '처음에는 별로였는데 점점 좋아하다'라는 뜻으로, 더 나아가서는 '자꾸 보다 보니 정이 들다'라는 의미로 사용되기도 합니다. 여기서는 me를 써서 내 마음을 표현하고 있습니다.

TODAY'S SCRIPT

When I turned 20, my parents gifted me their black sedan. It was in good condition, since they had only driven it for a couple of years. At first, I loved everything about it except for one thing. I really disliked the color. But to my surprise, it grew on me over time. The color black certainly gives off a chic, elegant look. Now, I'm in love with the color. I wouldn't trade it for any other.

내가 20살이 되었을 때 부모님께서 타시던 검정색 승용차를 선물로 주셨어. 몇 년밖에 안 타신 거라 상태는 좋았어. 처음에는 다 좋았는데 딱 한 가지 마음에 안 드는 게 있었어. 차 색깔이 너무 별로였어. 근데 놀랍게도 시간이 지나면서 점점 정이 들더라고. 검정색이 확실히 시크하고 고급스러운 느낌을 주더라. 이제는 검정색이 너무 좋아서 다른 색으로 바꿔 준다고 해도 안 바꿀 거야.

KEY EXPRESSIONS

1 Turn (age) (몇 살이) 되다

I will be turning 30 next year.
난 내년에 서른 살이 돼.

How old are you turning this year?
올해 네가 몇 살이 되는 거지?

2 Except for ~ ~는 빼고, ~를 제외하고

I like all vegetables except for cucumbers.
저는 오이 빼고 야채는 다 좋아해요.

We renovated the whole house except for the kitchen.
우리는 주방 빼고 집 전체를 싹 다 개조했어.

3 Grow on (someone) 점점 좋아하다, 정이 들다

I used to not like cilantros, but it kind of grew on me.
나 원래 고수를 싫어했는데 조금씩 좋아하게 됐어.

Keep listening to the song, and it will grow on you.
이 노래를 계속 듣다 보면 좋아하게 될 거야.

4 Give off 풍기다, 발산하다, 주다

Leather jackets give off a tough girl vibe.
가죽 재킷은 센 언니 느낌을 줘.

Is something going on? He's giving off negative energy.
무슨 일 있어? 쟤가 부정적인 에너지를 풍기고 있길래.

WORDS

gift 선물하다 sedan 세단, 승용차 condition 상태 at first 처음에는 dislike 안 좋아하다 to one's surprise 놀랍게도 chic 시크한 elegant 우아한, 고급스러운 look 느낌, 외관 trade 교환하다, 바꾸다

DAY 040

That's a given.

그건 당연한 거지.

given은 '기정 사실'이라는 의미의 명사로 사용되곤 합니다. 따라서 이 표현은 묻거나 확인할 필요도 없을 만큼 당연한 거라고 말할 때 사용할 수 있습니다.

TODAY'S SCRIPT

Would you like to visit America during the summer break? You can spend about two weeks here before going back to Korea. Don't worry about accommodations. You can stay at my place. That's a given. I have a guest room. It's spacious and it has a private bathroom, so you'll feel completely comfortable. Think about it, and let me know if you decide to come!

여름 방학 때 미국에 놀러 올래? 한국에 돌아가기 전까지 2주 정도 여기서 지내면 돼. 숙박은 걱정 마. 내 집에서 머물면 돼. 그건 당연한 거지. 집에 손님 방이 있는데, 꽤 넓고 개인 화장실도 있어서 완전 편하게 지낼 수 있을 거야. 생각해 보고 오기로 결정하면 알려 줘!

KEY EXPRESSIONS

1 Would you like to ~? ~할래?, ~하고 싶어?

Would you like to come over to my house?
내 집에 놀러 올래?

Would you like to go out on a date with me?
저랑 데이트하러 가실래요?

2 Don't worry about ~ ~에 대한 걱정은 하지 마

Don't worry about me. I can take care of myself.
내 걱정은 하지 마. 나는 내가 챙길 수 있어.

Don't worry about money. I will support you.
돈 걱정은 하지 마. 내가 지원해 줄게.

3 That's a given 그건 기본이지, 당연한 거지

With power comes great responsibility. That's a given.
권력에는 큰 책임이 따르지. 그건 당연한 거야.

To succeed, you must be diligent. That's a given.
성공하려면 성실해야 해. 그건 기본이야.

4 Let me know if ~ ~하면 알려 줘

Let me know if you need help.
도움이 필요하면 알려 줘.

Let me know if it's too salty. I'll add more water.
너무 짜면 알려 줘. 물을 더 넣을게.

WORDS

visit 방문하다 summer break 여름 방학 accommodations 숙박 my place 내 집 guest room 손님 방 spacious 넓은 private 개인의, 전용의 comfortable 안락한, 편안한

DAY 041

It is what it is.

어쩔 수 없지.

이 표현을 직역하면 “있는 그대로이다.”, 편하게 해석하면 “상황을 있는 그대로 받아들여야지 별 수 있나.” 이런 뉘앙스입니다. 안 좋은 상황에서 체념할 때 “뭐 어쩌겠어. 어쩔 수 없지.”라는 의미로 사용할 수 있습니다.

TODAY'S SCRIPT

I can't believe I lost my wallet. I had it in my hand earlier at the food court. I even used my card from the wallet to pay for the food. When I returned to the office, I realized it wasn't in my hands anymore. I must have lost it on my way back. I'm so bummed, because this wallet means a lot to me. It was my first designer purchase after saving up for years. Well, it is what it is. Since I can't turn back time, I should just try to forget about it.

지갑을 잃어버렸다니 믿기지가 않아. 분명 아까 푸드코트에서 손에 쥐고 있었거든. 심지어 음식 계산할 때 지갑에서 꺼낸 카드로 결제까지 했어. 근데 사무실에 돌아와서 보니까 내 손에 지갑이 없는 거야. 돌아오는 길에 잃어버렸나 봐. 너무 우울한 게, 내가 몇 년이나 돈을 모아서 처음으로 산 명품이라서 나에게 큰 의미가 있었거든. 뭐, 어쩔 수 없지. 시간을 되돌릴 수 없으니 그냥 잊어버리도록 노력하는 수밖에.

KEY EXPRESSIONS

1 Be bummed 우울해하다, 실망하다, 아쉽다

She's bummed she didn't win.
그녀는 이기지 못해서 실망했어.

I was bummed that I didn't get the job.
취직이 안 돼서 좀 우울했어.

2 Mean a lot 큰 의미가 있다, 도움이 되다, 소중하다

You mean a lot to me.
넌 나에게 소중해.

This is my first car, so it means a lot to me.
이건 내 첫 차여서 큰 의미가 있어.

3 It is what it is 어쩔 수 없지, 어쩌겠어

It is what it is. There's nothing I can do.
어쩔 수 없어. 내가 할 수 있는 게 없어.

It's over. It is what it is.
이미 끝난 걸 뭐 어쩌겠어.

4 Turn back time 시간을 되돌리다

I wish I could turn back time.
시간을 되돌릴 수 있으면 좋겠다.

If you could turn back time, what would you do?
네가 시간을 되돌릴 수 있다면 무엇을 하겠어?

WORDS

in my hand 내 손에 earlier 좀 전에, 아까 food court 푸드코트 return 돌아오다, 복귀하다 realize 깨닫다, 알아차리다 anymore 더 이상 designer 명품의, 유명 브랜드의 save up (돈을) 아끼다, 모으다

DAY 042

We hit it off.

우리는 말이 잘 통했어.

'hit it off'라고 하면 '죽이 맞다', '잘 통하다'라는 의미로, 쿵짝이 잘 맞는 사이를 나타내기 위해 사용합니다. 특히나 처음 만난 사이에서 스파크가 확 튀었다면 그 상황을 설명하기 위해 이 표현을 쓸 수 있어요.

TODAY'S SCRIPT

I ran into a neighbor while walking my dog. It was the first time we said hi. We introduced ourselves and got to talk about our hobbies and interests. We had so much in common that we talked for an hour straight. It's safe to say we hit it off. We've already made plans to meet again. We're going to have dinner tomorrow. I think I've found a new best friend right here in my neighborhood.

나는 강아지 산책을 시키는 와중에 이웃 분이랑 마주쳤는데, 처음 만나서 인사한 거였어. 서로 소개를 하고 어쩌다 취미와 관심사에 대해 얘기하게 됐는데, 공통점이 너무 많아서 한 시간 내내 얘기를 나눈 거야. 말이 진짜 잘 통했어. 이미 우리는 다시 만날 계획을 세웠는데, 내일 저녁을 같이 먹으려고. 우리 동네에서 새로운 베스트 프렌드를 찾은 것 같아.

KEY EXPRESSIONS

1 Run into ~ 우연히 ~를 만나다

It was nice running into you! See you later.
우연히 만나서 좋았어! 다음에 또 봐.

I ran into my ex-boyfriend.
나 우연히 전 남자친구를 만났어.

2 Get to ~ ~하게 되었다, ~할 기회가 있었다

We got to see the dolphins in Hawaii.
우린 하와이에서 돌고래를 볼 수 있었어.

I got to learn about Korean history.
나는 한국사에 대해 배우게 되었어.

3 Hit it off 죽이 잘 맞다, 말이 잘 통하다

How was your date? Did you guys hit it off?
데이트 어땠어? 둘이 말이 잘 통했어?

I was worried it would be awkward, but we immediately hit it off.
어색할까 봐 걱정했는데 우린 죽이 잘 맞았어.

4 Make plans to ~ ~할 계획을 세우다

I made plans to study tonight.
난 오늘 저녁에 공부할 계획을 세웠어.

Sorry, I already made plans to meet my friend.
미안, 나 이미 친구랑 만나기로 했어.

WORDS

neighbor 이웃 walk the dog 강아지를 산책시키다 say hi 인사하다 introduce 소개하다 hobby 취미 interest 관심사 have in common 공통점이 있다 straight 내내 It's safe to say ~ ~라고 해도 과언이 아니다 neighborhood 동네

DAY 043

I came across this restaurant.

이 음식점을 우연히 발견했어.

'come across'는 의도치 않게 '우연히 발견하다'라는 의미로, 어쩌다 무언가를 보거나 알게 되었을 때 정말 자주 사용하는 표현입니다.

TODAY'S SCRIPT

Sushi is one of my all-time favorite foods. However, there wasn't a good sushi place nearby. I had to drive for more than an hour just to pick up some delicious sushi. But recently, I came across this one place near home. One day, I decided to order in because I was too tired to eat out. So I ordered sushi from the closest location, which happened to be right across the street. Trust me when I say it was the best sushi I've ever had. I couldn't be happier to have found this place!

내 최애 음식 중 하나가 초밥이야. 근데 주변에 맛있는 초밥집이 하나도 없었어. 그래서 맛있는 초밥을 사 오려면 한 시간 이상 운전해서 가야 했지. 근데 최근에 집 근처에 있는 어떤 음식점을 우연히 발견했어. 하루는 너무 피곤해서 밖에서 먹기 귀찮아서 시켜 먹기로 했어. 가장 가까운 곳에서 그냥 주문했는데, 알고 보니 우리 집 바로 건너편에 있더라고. 근데 내가 먹어 본 초밥 중 가장 맛있는 초밥이었어. 내 말을 믿어도 좋아. 이곳을 찾아서 얼마나 기쁜지 몰라!

KEY EXPRESSIONS

1 Come across ~ ~를 우연히 발견하다

I came across a really good song.
나 진짜 좋은 노래 하나를 우연히 발견했어.

I came across a couple of typos. Can you correct them?
우연히 오타 몇 개를 발견했는데. 좀 고쳐 줄래?

2 Order in 시켜 먹다

I'm going to order in and watch a movie.
난 음식을 시켜 먹고 영화나 볼 거야.

I can't cook tonight. Let's just order in.
나 오늘 저녁에는 요리 못 해. 그냥 시켜 먹자.

3 Too tired to ~ ~하기에는 너무 피곤한

I'm too tired to walk. Can we grab a taxi?
나 걷기에는 너무 피곤한데. 택시 잡으면 안 될까?

You look too tired to stay up. Get some sleep.
넌 밤을 새우기에는 너무 피곤해 보이는데. 좀 자.

4 I couldn't be happier 이보다 더 기쁠 수는 없을 거야

I won 1st place! I couldn't be happier.
나 1등 했어! 이보다 더 기쁠 수는 없을 거야.

We're engaged! I couldn't be happier.
우리 약혼했어! 이보다 더 기쁠 수는 없을 거야.

WORDS

all-time favorite 최애 nearby 근처에 pick up 사 오다 decide 결정하다 order 주문하다
location 위치, 지점 trust 믿다, 신뢰하다

DAY044

Review Quiz

DAY 034~043

01 **I want to try Pilates. I'll ______________ this weekend.**

필라테스를 해 보고 싶은데, 이번 주말에 한번 해 봐야지.

02 **The ending wasn't surprising at all. I ______________ ______________.**

결말이 전혀 놀랍지 않았어. 예상했거든.

03 **I ______________ for the new movie.**

난 새로 나온 그 영화에 대한 기대가 커.

04 **Do you want to go out or stay home? It's ______________.**

밖에 나갈래, 아니면 집에 있을래? 네가 결정해.

05 **I was so busy that I couldn't ______________.**

난 너무 바빠서 숨 돌릴 새도 없었어.

06 **______________ this shirt?**

이 셔츠는 어때?

07 **My loud voice is my biggest ______________.**

큰 목소리가 나의 가장 큰 콤플렉스야.

08 **Keep listening to the song, and it will ______________ you.**

이 노래를 계속 듣다 보면 좋아하게 될 거야.

09 **To succeed, you must be diligent. That's ______________.**

성공하려면 성실해야 해. 그건 기본이야.

10 **______________ if you need help.**

도움이 필요하면 알려 줘.

11 **It is ______________. There's nothing I can do.**

어쩔 수 없어. 내가 할 수 있는 게 없어.

12 **How was your date? Did you guys ______________?**

데이트 어땠어? 둘이 말이 잘 통했어?

13 **I ______________ my ex-boyfriend.**

나 우연히 전 남자친구를 만났어.

14 **I ______________ a really good song.**

나 진짜 좋은 노래 하나를 우연히 발견했어.

15 **I can't cook tonight. Let's just ______________.**

나 오늘 저녁에는 요리 못 해. 그냥 시켜 먹자.

정답 **01.** give it a go **02.** saw it coming **03.** have high hopes **04.** up to you **05.** take a breather **06.** How about **07.** insecurity **08.** grow on **09.** a given **10.** Let me know **11.** what it is **12.** hit it off **13.** ran into **14.** came across **15.** order in

DAY 045 It's no big deal. 별일 아니야.

DAY 046 Don't beat yourself up. 자책하지 마.

DAY 047 It's not the end of the world. 세상이 끝난 게 아니야.

DAY 048 You pulled it off! 해냈구나!

DAY 049 Hang in there. 힘내.

DAY 050 I have your back. 내가 있잖아.

DAY 051 I've been there. 나도 겪어 봐서 알아.

DAY 052 Don't take it personally. 담아 두지 마.

DAY 053 You're on the right track. 잘 하고 있어.

DAY 054 It's worth a try. 한번 해 볼 만하지.

DAY 055 Review Quiz

Part 05

격려/응원/위로 표현

DAY 045

It's no big deal.

별일 아니야.

'big deal'은 '큰일' 또는 '큰 거래'를 의미하는데, 이 표현에서는 부정문을 사용함으로써 "큰일이 아니야."라는 의미를 갖게 됩니다. 대수롭지 않은 일에 대해 얘기할 때에 "It's no big deal." 또는 "It's not a big deal."이라고 해 보세요.

TODAY'S SCRIPT

I got into a minor car accident today, but it's no big deal. I was driving at a normal speed. Suddenly, the car in front of me stopped. It was so unexpected. I hit the brake as quickly as I could. My car was slowing down, but it wasn't enough. I ended up tapping the car in front of me. Thankfully, it was a light bump, so the driver didn't mind much. We both decided to let it slide.

오늘 가벼운 사고가 났는데, 별일은 아니야. 나는 보통 속도로 운전하고 있었거든. 근데 갑자기 내 앞의 차가 멈춘 거야. 전혀 예상하지 못했어. 그때 브레이크를 최대한 빨리 밟아서 내 차가 감속하기는 했는데, 충분하지 않았던 거지. 결국에 앞 차에 가볍게 부딪쳤어. 다행히 가볍게 부딪친 거라 앞 차 운전자도 크게 신경 안 쓰더라고. 둘 다 그냥 넘어가기로 했어.

KEY EXPRESSIONS

1 Be a big deal 큰일이다, 중요한 일이다

Marriage is a big deal.
결혼은 중요한 일이지.

I didn't think it was a big deal.
이게 큰일이라고 생각하지 않았어.

2 Be not enough 충분하지 않다

I need more paper. It's not enough.
종이가 더 필요해. 충분하지가 않아.

30 minutes is not enough.
30분은 충분하지 않아.

3 I ended up ~ 결국 ~하게 되었다

I ended up apologizing.
결국 내가 사과하게 됐어.

I ended up doing all the work.
결국 내가 모든 일을 다 하게 됐어.

4 Let it slide 봐주다, 그냥 넘어가다

Can you please let it slide this time?
이번에는 제발 봐주면 안 돼?

He made a mistake, but I let it slide.
걔가 실수했는데, 내가 봐줬어.

WORDS

minor 작은, 사소한 deal 일, 사건 normal 평범한, 보통의 unexpected 예상치 못한 hit the brake 브레이크 페달을 밟다 slow down 속도를 늦추다 tap 가볍게 톡 치다, 닿다 bump 접촉 사고 mind 신경 쓰다

DAY 046

Don’t beat yourself up.

자책하지 마.

‘beat up’은 ‘두들겨 패다’라는 의미로, 이 표현은 “스스로를 두들겨 패지 마.”로 해석되어 누군가에게 너무 자책하지 말라고 위로할 때 사용할 수 있습니다. 같은 의미의 표현으로 “Don’t be too hard on yourself.”도 기억해 주세요.

TODAY’S SCRIPT

I heard about the game. I’m sorry your team lost. You must have been under a lot of pressure as the team captain. But you know what, you did your best as the captain, so don’t beat yourself up. Your leadership really stood out throughout the game. You motivated your team to keep going till the end. You should be proud of yourself for that. Now, let’s forget about it and focus on the next game.

경기 결과에 대해 들었어. 너희 팀이 졌다니 진짜 아쉽다. 주장으로서 얼마나 많은 심적인 압박이 있었겠어. 근데 있잖아, 너는 주장으로 최선을 다했으니까 자책하지 마. 경기 내내 너의 리더십이 얼마나 빛났는데. 팀원들이 끝까지 포기하지 않도록 의지를 심어 줬잖아. 너 자신을 자랑스러워해야 해. 자, 이제 이건 잊고 다음 경기에 집중하자.

KEY EXPRESSIONS

1 You must have been ~ ~했겠다, ~했겠구나

You must have been upset about what I said.
내가 한 말 때문에 속상했겠구나.

You must have been really busy.
너 되게 바빴겠다.

2 Do (one's) best (누군가의) 최선을 다하다

Don't worry about the result. Just do your best.
결과는 신경 쓰지 마. 그냥 최선을 다해.

I have no regrets. I did my best.
난 후회는 없어. 내 최선을 다했거든.

3 Beat (someone) up (누군가를) 탓하다

I try not to beat myself up for my mistakes.
실수할 때 내 스스로를 자책하지 않으려고 노력해.

I'm sad to see you beat yourself up.
네가 자책하는 걸 보니 마음이 아프다.

4 Be proud of ~ ~를 자랑스럽게 여기다

I'm proud of myself.
나는 내 자신이 자랑스러워.

Are you proud of me, mom?
엄마, 제가 자랑스러우세요?

WORDS

be sorry 유감이다, 아쉽다 pressure 압박감 stand out 눈에 띄다 throughout ~ 내내, ~ 동안 쭉 motivate 동기를 부여하다 till the end 끝까지

DAY 047

It's not the end of the world.

세상이 끝난 게 아니야.

'end of the world'는 '지구 종말'이라는 의미로, 이 표현은 "세상의 끝이 아니야."로 해석할 수 있습니다. 상실감을 겪거나 스트레스를 받고 있는 사람에게 "그것으로 세상이 끝나지 않으니 걱정 마."라고 위로할 때 쓸 수 있습니다. 심각한 일뿐 아니라 사소한 일로 스트레스 받는 경우에도 쓸 수 있습니다.

TODAY'S SCRIPT

Breakups never stop hurting. It doesn't matter how many times you've experienced it. Think about it. One moment, your partner is the center of your universe, and the next, they're a stranger. There's no way this can be easy. But you know what I've realized over the years? Even though it's hard, it's not the end of the world. You'll eventually find someone new and make new memories. That's just life, I guess!

이별은 매번 아프게 다가와. 몇 번을 경험했든지 상관이 없어. 생각해 봐. 너의 세상의 중심이었던 사람이 한순간에 남이 되는 거잖아. 이게 쉬울 리가 없지. 근데 내가 세월이 흐르면서 느낀 게 뭔지 알아? 비록 힘들더라도 세상이 끝난 건 아니야. 언젠가는 새로운 사람을 만나서 새로운 추억을 쌓게 되니까. 그게 인생이지 않겠어?

KEY EXPRESSIONS

1 Never stop -ing ~를 절대 멈추지 않는다

You should never stop learning.
배움을 절대 멈춰서는 안 돼.

I will never stop caring about you.
나는 너를 아끼는 걸 절대 멈추지 않을 거야.

2 ~ doesn't matter ~는 상관없어, 중요치 않다

Can I have candy? Flavor doesn't matter.
나 사탕 하나만 줄래? 맛은 상관없어.

Your opinion doesn't matter.
너의 의견은 중요치 않아.

3 I've realized ~ ~를 깨닫다

I've realized you can never trust anybody.
절대 아무도 믿으면 안 된다는 것을 깨달았어.

I've realized how lucky I am.
내가 얼마나 복이 많은지를 깨달았어.

4 It's not the end of the world 세상이 끝난 게 아니야

Don't be upset. It's not the end of the world.
속상해하지 마. 세상이 끝난 게 아니야.

Cheer up! It's not the end of the world.
힘내! 세상이 끝난 것도 아니잖아.

WORDS

breakup 이별 hurt 아프다 experience 겪다 partner 짝꿍, 파트너 center 중심
universe 우주 stranger 남, 낯선 사람 even though ~할지라도 memory 추억

DAY 048

You pulled it off!

해냈구나!

'pull off'는 '해내다'라는 의미로, 누군가가 일을 완수하거나 성취를 거두었을 때 칭찬의 의미로 쓸 수 있는 표현입니다. 같은 의미로 "You did it!"이라고 할 수도 있습니다.

TODAY'S SCRIPT

Thank you for inviting me to your musical today. I was moved by your performance. You have a beautiful voice that touches everyone's hearts. But didn't you mention you had a sore throat yesterday? I was concerned it might affect your singing. I worried for nothing though. You not only managed to sing, but you pulled it off perfectly! I'm so proud of your strength and talent.

오늘 너의 뮤지컬에 초대해 줘서 고마워. 네 공연에 감동 받았어. 너는 모두의 심금을 울리는 목소리를 갖고 있어. 근데 너 어제 목이 아프다고 하지 않았어? 노래 부르는 데에 지장이 있을까 봐 걱정했어. 근데 괜한 걱정을 했나 봐. 너는 노래를 부른 정도가 아니라 완벽하게 해냈어! 네 강인함과 재능이 자랑스럽다.

KEY EXPRESSIONS

1 Be moved by ~ ~에 감동 받다

I was moved by your handwritten letter.
너의 손 편지에 감동 받았어.

My dad was moved by the surprise party our family threw him.
우리 가족이 준비한 깜짝 파티에 아빠는 감동 받으셨어.

2 Didn't you mention ~? ~라고 하지 않았어?

Didn't you mention you have somewhere to be?
너 어디 가야 한다고 하지 않았어?

Didn't you mention you like fruits?
너 과일을 좋아한다고 하지 않았어?

3 Worry for nothing 쓸데없는 걱정을 하다

Don't worry for nothing. Everything will be fine.
쓸데없는 걱정하지 마. 다 괜찮을 거야.

Why are you worrying for nothing?
왜 괜한 걱정을 하는 거야?

4 Pull it off 해내다

Did you see me do a handstand? I pulled it off!
나 물구나무 서는 거 봤어? 내가 해냈다니!

You got the job! You finally pulled it off!
너 취직했구나! 드디어 해냈네!

WORDS

invite 초대하다 musical 뮤지컬 moved 감동 받은 performance 공연 mention 언급하다
sore throat 목 아픔 concern 걱정하다 affect 영향을 미치다 perfectly 완벽하게

DAY 049

Hang in there.

힘내.

hang은 '매달려 있다'라는 의미로, "Hang in there."은 거기서 조금 더 매달려 있으라는 뜻입니다. 힘들겠지만 조금만 더 힘내서 버티라고 응원의 메시지로 사용할 수 있습니다.

TODAY'S SCRIPT

Your flight has been delayed again? You must be exhausted. I know how tiring flight delays can be. Once, I had a layover on my way back from a trip. Due to a storm alert, the connecting flight kept getting delayed. I tried everything to kill time, but it honestly felt like forever. So I can empathize with what you're going through right now. Hang in there, and I'll see you once you get back. Safe travels!

네 비행기가 또 연착됐다고? 진짜 지치겠다. 나도 비행기 연착이 얼마나 힘든지 알거든. 한 번은 여행에서 돌아오는 길에 환승을 했는데, 폭풍 경보 때문에 연결 편이 계속 연착된 거야. 시간을 때우려고 모든 걸 다 해 봤는데, 진심으로 평생처럼 느껴졌어. 그래서 나는 네가 지금 겪고 있는 걸 공감할 수 있어. 힘내고, 돌아오면 보자. 안전한 여행 되길!

KEY EXPRESSIONS

1 You must be ~ 너 (어떤 상태)이겠다

You must be happy that you're with your family.
가족과 함께라서 행복하겠다.

You must be angry at her for saying that.
걔가 그 말을 해서 너 화났겠다.

2 On my way back 돌아오는 길에

I can pick up coffee on my way back.
내가 돌아오는 길에 커피 사 올 수 있어.

I ran into a friend on my way back from work.
퇴근하는 길에 친구를 우연히 만났어.

3 Keep getting ~ 계속 ~되다, 당하다

I kept getting rejected by all the companies.
난 회사들로부터 계속 거절 당했어.

I keep getting hungry.
난 계속 배가 고파져.

4 Hang in there. 힘내.

You'll get through the tough times. Hang in there.
역경을 이겨내게 될 거야. 힘내.

The dilemma will come to an end. Hang in there.
고민은 언젠가 끝이 있을 거야. 조금만 힘내.

WORDS

flight 비행 편 delay 연착시키다 exhausted 녹초가 된 tiring 힘든 layover 환승 storm alert 폭풍 경보 connecting flight 연결 편 kill time 시간을 때우다 empathize 공감하다

DAY 050

I have your back.

내가 있잖아.

직역하면 "내가 너의 등 뒤를 받치고 있다."라는 의미로, 내가 너를 지탱하고 지켜 주고 있으니 걱정하지 말라는 뉘앙스로 누군가에게 힘을 줄 때 사용할 수 있습니다.

TODAY'S SCRIPT

What's bothering you? You look quite anxious. Are you nervous about your first day at the new school? You don't need to worry. I promise everything is going to be fine. You'll meet friendly people and they will all want to be friends with you. I mean, who wouldn't? Besides, you know I have your back. I'll be by your side no matter what. I'll be waiting around school just in case you need me. Have fun at school!

고민이 있어? 되게 긴장되어 보여. 새 학교 등교 첫날이라 긴장한 거야? 걱정할 필요 없어. 다 괜찮을 거라고 약속해. 친절한 사람들을 만나게 될 거고, 모두 너와 친구가 되고 싶어 할 거야. 누가 안 그러겠어? 게다가 내가 있잖아. 무슨 일이 있어도 내가 옆에 있어 줄 거야. 혹시라도 내가 필요할 수 있으니 학교 근처에서 기다릴게. 학교 즐겁게 다녀와!

KEY EXPRESSIONS

1 No[Not] need to ~ ~할 필요 없다

There's no need to overreact.
오버할 필요는 없어.

You don't need to pick me up. I've got a ride.
나 데리러 오지 않아도 돼. 차편이 생겼어.

2 Be friends with ~ ~와 친구를 하다

I want to be friends with them.
나도 걔들과 친구하고 싶어.

I'm friends with some celebrities.
나 몇몇 연예인과 친구야.

3 I have your back 내가 있잖아, 내가 지켜 줄게

Don't be afraid. I have your back.
무서워하지 마. 내가 있잖아.

Keep in mind that I have your back.
내가 있다는 걸 명심해.

4 Just in case 혹시 모르니

I'll pack extra towels just in case.
혹시 모르니 수건을 좀 더 챙겨 갈게.

I'll be there early just in case.
혹시 어떻게 될지 모르니 좀 일찍 도착하도록 할게.

WORDS

bother 신경 쓰이게 하다 anxious 긴장한 nervous 긴장한 friendly 친절한, 사교적인 besides 게다가 by your side 네 옆에 no matter what 무조건 in case ~할 경우

DAY 051

I've been there.

나도 겪어 봐서 알아.

이 표현은 직역하면 "나는 거기에 가 봤어."라는 의미로, 사실 물리적으로 어느 곳에 가 봤다라고 할 때 사용합니다. 그런데 또 다른 의미로는 "그 상태에 있어 봤어."로 해석해서 "나도 겪어 봐서 네 마음을 안다."라는 위로의 의미로 사용되기도 합니다.

TODAY'S SCRIPT

I had the opportunity to speak at my university as an alumnus. While engaging with the students, I noticed a common concern. They feared the uncertainty about their future. I shared with them that I've been there. I was intimidated when I didn't have a clear vision of my future. However, my advice to them was simple. Embrace every opportunity that is open to you. Along the way, you will find your talent.

대학교에서 동문으로서 강연을 할 기회가 있었어. 학생들과 소통하면서 학생들이 공통적으로 갖고 있는 걱정을 알아냈어. 미래의 불확실성 때문에 두려워하더라고. 나도 겪어 봐서 안다고 공유했어. 나도 미래에 대한 명확한 비전이 없었을 때 굉장히 두려웠다고. 근데 내가 그들에게 한 조언은 간단했어. 그들에게 열려 있는 모든 기회를 받아들이면, 그 과정에서 자신의 재능을 찾을 수 있을 거라고 했지.

KEY EXPRESSIONS

1 Have the opportunity to ~ ~할 기회가 있다

I had the opportunity to meet the president.
나는 대통령을 만날 기회가 있었어.

I had the opportunity to pitch a new idea.
나는 새로운 아이디어를 제안할 기회가 있었어.

2 Engage with ~ ~와 교류하다, 소통하다

I like to engage with people older than me.
난 나보다 나이 많은 분들과 소통하는 걸 좋아해.

This doctor actively engages with his patients.
이 의사 선생님은 환자들과 활발하게 소통하셔.

3 I've been there 나도 경험해 봤어, 겪어 봐서 알아

You must be confused. I've been there.
너 되게 혼란스럽겠다. 나도 겪어 봐서 알아.

It must hurt a lot. I've been there.
엄청 아프겠다. 나도 겪어 봐서 알거든.

4 Along the way 도중에, 그 과정에서

We'll stop by the rest area along the way.
가는 길에 휴게소에 잠깐 들를 거야.

I recommend temple stay. You'll realize a lot along the way.
템플 스테이를 추천해. 그 과정에서 많은 깨달음이 있을 거야.

WORDS

speak 강연을 하다 alumnus 동문 notice 발견하다 common 공통적인 uncertainty 불확실성 share 공유하다, 나누다 intimidated 겁먹은, 두려운 embrace 받아들이다, 끌어안다 talent 재능

DAY 052

Don't take it personally.

담아 두지 마.

'take personally'는 '개인적으로 받아들이다'라는 의미로, 확장해서 '상대방의 말을 마음에 담아 두다'라는 뜻으로까지 사용됩니다. 여기서는 don't를 붙여서 그러지 말라고 얘기하는 표현입니다.

TODAY'S SCRIPT

My friends and I have an annual tradition of having dinner at my place. Oddly enough, an argument breaks out every time we gather. This year, things got heated between Jane and Tom. Tom accidentally spilled a secret of Jane's, which made her furious. Since it was an honest mistake, I told her, "Don't take it personally." Thankfully, she was understanding and forgave Tom. The rest of the dinner was enjoyable.

내 친구들과 나는 매해 우리 집에서 저녁 식사를 하는 전통이 있어. 놀랍게도 우리는 만나기만 하면 다툼이 일어나. 올해는 제인과 톰 사이에서 싸움이 생겼어. 톰이 실수로 제인의 비밀을 말해 버려서, 제인이 엄청나게 화가 난 거야. 근데 명백한 실수였어서 내가 너무 마음에 담아 두지 말라고 했어. 다행히 제인은 너그럽게 톰을 용서했고, 남은 저녁은 즐겁게 마무리했어.

KEY EXPRESSIONS

1 Oddly enough 이상하게도, 놀랍게도

Oddly enough, I wasn't tired after staying the night up.
이상하게도 밤을 새웠는데 피곤하지가 않았어.

Oddly enough, he enjoys cold showers.
놀랍게도 걔는 찬물 샤워를 즐겨 한대.

2 Things get heated 얼굴을 붉히다, 싸우다

I hope things don't get heated in the meeting.
미팅 중에 얼굴 붉힐 일은 없으면 좋겠네.

Did things get heated between you and your friend?
너 친구랑 싸웠어?

3 Spill a secret 비밀을 흘리다, 비밀을 말하다

I'm sorry I spilled your secret.
너의 비밀을 흘려서 미안해.

It's not cool to spill a friend's secret.
친구의 비밀을 말하면 안 되지.

4 Take it personally 마음에 담아 두다

I'm trying not to take it personally, but it's hard.
마음에 담아 두지 않으려고 노력 중인데 어렵네.

I didn't mean it. I hope you don't take it personally.
그런 의도가 아니었어. 마음에 담아 두지 않았으면 해.

WORDS

annual 매년의 tradition 전통 argument 다툼 break out 발생하다 accidentally 실수로 furious 화난 honest 명백한 mistake 실수 understanding 이해하는 enjoyable 즐거운

DAY 053

You're on the right track.

잘 하고 있어.

'right track'은 '옳은 길'이라는 의미로, 이 표현은 "넌 옳은 길 위에 서 있어."라고 직역할 수 있습니다. 낙심하는 누군가에게 "넌 제대로 잘 가고 있어." 또는 "잘 하고 있어."라고 위로하고 응원할 때 이 표현을 사용해 보세요.

TODAY'S SCRIPT

Wow, it's already been three months since you started working out. You've been consistently working out. You've never missed a single private training session. I applaud you for your perseverance. I get that you're frustrated because you don't see noticeable changes in your body. It can be discouraging when you don't see progress right away. However, I can guarantee you that it's only a matter of time. You're on the right track. If you just keep going, you'll start seeing changes in a few weeks.

와, 너 운동 시작한 지 벌써 세 달이나 됐구나. 넌 꾸준히 운동하면서 개인 레슨도 한 번도 안 빠졌잖아. 너의 끈기에 박수를 보낸다. 당장 몸에 뚜렷한 변화가 보이지 않아서 짜증 나나 보네. 변화가 바로 안 나타나면 실망스럽긴 하지. 근데 진짜 시간 문제라고 난 장담할 수 있어. 넌 지금 잘 하고 있거든. 이렇게만 쭉 하면 몇 주 안에 변화를 보기 시작할 거야.

KEY EXPRESSIONS

1 Be consistently -ing 꾸준히 ~을 하다

Are you consistently taking your vitamins?
비타민 꾸준히 챙겨 먹고 있어?

I've been consistently checking my phone.
나 계속해서 핸드폰을 확인하고 있었어.

2 applaud you for ~ ~를 칭찬하다, 박수를 보내다

I applaud you for not giving up.
포기하지 않는 것에 박수를 보내.

I applaud you for your courage.
너의 용기에 박수를 보내.

3 Be on the right track 올바른 길을 가다, 잘 하고 있다

I think I'm on the right track. I'm making progress.
나 잘 하고 있는 것 같아. 진도가 나가고 있거든.

Don't be nervous. You're on the right track.
긴장하지 마. 너 잘 하고 있어.

4 Keep going 계속 하다, 쭉 가다

Should I keep going?
나 계속 할까?

Let's keep going until we reach our goal.
우리 목표에 도달할 때까지 계속 가자.

WORDS

work out 운동하다 private 개인적인 session 수업 perseverance 끈기 frustrated 짜증난 noticeable 눈에 띄는 discouraging 실망스러운 progress 진전, 진척 guarantee 보장하다

DAY 054

It's worth a try.

한번 해 볼 만하지.

'a try'는 '한 번의 시도' 또는 '도전'으로, "It's worth a try."는 "시도할 가치가 있어."라는 의미입니다. 포기를 앞둔 사람에게 시도나 도전할 수 있는 용기를 줄 때 사용하는 표현입니다.

TODAY'S SCRIPT

I don't understand why you are giving up so soon. I believe you can win the taekwondo tournament. You've put in so much effort for today. Why let all of the hard work go to waste? Don't let the fear of losing hold you back from challenging yourself. At the end of the day, it's worth a try. You really have nothing to lose. Let's not make it a habit to give up. You've got this!

네가 왜 이렇게 빨리 포기하는지 이해가 안 가. 난 네가 태권도 대회에서 우승할 수 있다고 믿거든. 오늘을 위해 엄청 많은 노력을 했잖아. 그 모든 노력을 낭비하면 너무 아깝지 않아? 패배에 대한 두려움 때문에 도전하는 것을 주저하지는 마. 결국 한번 해 볼 만할 거야. 진짜로 잃을 것이 하나도 없어. 포기하는 버릇을 들이지 말도록 하자. 넌 할 수 있어!

KEY EXPRESSIONS

1 Put in the effort 노력을 기울이다

I put in the effort to become a good manager.
난 좋은 매니저가 되기 위해 노력을 기울인다.

Did you at least put in the effort to do well?
너 잘하려고 노력을 하긴 했어?

2 Let ~ go to waste ~가 낭비되게 놔두다

I don't want to let the weekend go to waste.
난 주말을 낭비하고 싶지 않아.

Let's not let this opportunity go to waste.
이 기회를 낭비하지 말자.

3 It's worth a try 한번 해 볼 만하다, 해 볼 가치가 있다

You should apply. It's worth a try.
지원해 봐. 한번 해 볼 만하잖아.

Call him. It's worth a try.
그에게 전화해 봐. 한번 해 볼 만하잖아.

4 Make it a habit to ~ ~하는 습관을 들이다

I made it a habit to organize.
나는 정리하는 습관을 들였다.

We should make it a habit to wash our hands.
우리 손 씻는 습관을 들이자.

WORDS

give up 포기하다 tournament 대회 fear 두려움 hold back 주저하다 challenge 도전하다 at the end of the day 결국 lose 잃다

DAY 055

Review Quiz

DAY 045~ 054

01 **I didn't think it was ______________.**

이게 큰일이라고 생각하지 않았어.

02 **I ______________ apologizing.**

결국 내가 사과하게 됐어.

03 **I'm sad to see you ________ yourself ______.**

네가 자책하는 걸 보니 마음이 아프다.

04 **Cheer up! It's not ______________ the world.**

힘내! 세상이 끝난 것도 아니잖아.

05 **You should ______________ learning.**

배움을 절대 멈춰서는 안 돼.

06 **You got the job! You finally ______________!**

너 취직했구나! 드디어 해냈네!

07 **The dilemma will come to an end. ______________.**

고민은 언젠가 끝이 있을 거야. 조금만 힘내.

08 **I can pick up coffee ______________.**

내가 돌아오는 길에 커피 사 올 수 있어.

09 **Keep in mind that I ______________.**

내가 있다는 걸 명심해.

10 **There's ______________ overreact.**

오버할 필요는 없어.

11 **You must be confused. I've ______________.**

너 되게 혼란스럽겠다. 나도 겪어 봐서 알아.

12 **I'm trying not to ______________, but it's hard.**

마음에 담아 두지 않으려고 노력 중인데 어렵네.

13 **______________, he enjoys cold showers.**

놀랍게도 걔는 찬물 샤워를 즐겨 한대.

14 **Don't be nervous. You're on ______________.**

긴장하지 마. 너 잘 하고 있어.

15 **You should apply. It's ______________.**

지원해 봐. 한번 해 볼 만하잖아.

정답 **01.** a big deal **02.** ended up **03.** beat / up **04.** the end of **05.** never stop **06.** pulled it off **07.** Hang in there **08.** on my way back **09.** have your back **10.** no need to **11.** been there **12.** take it personally **13.** Oddly enough **14.** the right track **15.** worth a try

Part 06

의견/의사 표현

DAY 056

You can't go wrong with white.

흰색은 언제나 옳지.

'go wrong'은 '잘못되다'라는 의미로, 'can't go wrong' 이라고 하면 '잘못될 수가 없다'라는 의미가 됩니다. 뒤에 with를 붙여 줌으로써 '~은 실패할 리 없다', 즉 '~은 언제나 옳다'라는 표현을 만들 수 있습니다.

TODAY'S SCRIPT

We've all been there, right? You have a date coming up. You want to look your best. You go into your closet to pick out what to wear. You scan through your clothes for hours, but you can't decide on what to wear. In these moments, my advice is to always go with a white shirt. Everyone looks good in a crisp white shirt. Also, it pairs well with anything on the bottom. You really can't go wrong with white!

우리 모두 이런 적 있지? 데이트가 다가오면 그날 최상의 모습으로 나가고 싶을 때 말야. 옷장에 가서 무엇을 입을지 고르게 돼. 몇 시간 동안 옷을 뒤적거려도 정하지 못할 때 있잖아. 이런 경우에 나는 무조건 하얀 셔츠를 입으라고 조언해. 잘 다려진 하얀 셔츠는 누가 입어도 어울리거든. 그리고 하의는 뭘 입어도 잘 어울리지. 흰색은 정말 언제나 옳아!

KEY EXPRESSIONS

1 Come up 다가오다

I have an exam coming up.
다가오는 시험 일정이 있다.

The deadline for the report is coming up.
리포트 마감일이 다가오고 있다.

2 Decide on ~ ~를 결정하다

We need to decide on a theme for the party.
우리 파티의 테마를 정해야 해.

Have you decided on where to go for dinner?
저녁은 어디서 먹을지 결정했어?

3 Go with ~ ~로 가다, 하다

I'll go with the Caesar salad.
저는 시저 샐러드로 할게요.

You should go with the red tie.
빨간 넥타이로 하는 게 좋을 것 같아.

4 You can't go wrong with ~ ~는 언제나 옳다, 실패할 리 없다

You can't go wrong with flowers.
꽃은 언제나 옳아.

You can't go wrong with pizza.
피자는 실패할 리 없지.

WORDS

look 보이다 closet 옷장 pick out 고르다 scan through 뒤적거리다 for hours 몇 시간 동안 moment 순간, 경우 advice 조언 crisp 빳빳한, 잘 다려진 pair well 잘 어울리다 on the bottom 밑에, 아래에

DAY 057

Don't miss out on it!

절대 놓치지 마!

'miss out'은 어떤 행사에 참석하지 못함으로 인해 이득이나 즐거움을 누리지 못한다는 의미에서 '(좋은 것을) 놓치다'로 해석됩니다. on 뒤에는 놓친 대상을 언급할 수 있습니다.

TODAY'S SCRIPT

Have you heard about the music festival next week? It's the largest music festival in Korea. Famous DJs from all over the world come to perform. I'm a big fan of EDM, so I've been going every year. This time, I happen to have an extra ticket. Why don't you join me? We can dance away all our stress from work. It will be really fun. Don't miss out on it!

다음 주에 열리는 음악 페스티벌에 대해 들어 본 적 있어? 한국에서 가장 큰 음악 페스티벌이라서, 전 세계에서 유명한 디제이들이 공연을 하러 와. 난 EDM 광팬이라 매해 참석하고 있는데, 이번에는 공교롭게도 남는 티켓이 하나가 생겼어. 혹시 같이 가지 않을래? 우리 직장에서 받은 스트레스를 춤추며 다 날려 버리자고. 정말 재미있을 거야. 이 기회를 절대 놓치지 마!

KEY EXPRESSIONS

1 Have you heard about ~? ~에 대해 들어 본 적 있어?

Have you heard about the new professor?
새 교수님에 대해 들어 본 적 있어?

Have you heard about their plans to move?
걔네 이사 계획에 대해 들은 적 있어?

2 All over the world 전 세계에

I want to travel all over the world when I am older.
나는 좀 더 나이가 들면 전 세계를 여행하고 싶어.

My company has locations all over the world.
우리 회사는 전 세계에 지사가 있어.

3 Happen to ~ 우연히, 공교롭게도 ~하다

I happen to have an extra pen. You can use it.
내가 공교롭게도 펜 하나가 더 있어. 너 이거 써도 돼.

I happen to be at Starbucks right now. What do you want to drink?
나 공교롭게도 지금 스타벅스에 와 있는데. 뭐 마실래?

4 Miss out on ~ (기회)를 놓치다

Don't miss out on the great opportunity.
좋은 기회를 놓치지 마.

He would not miss out on a party.
그는 파티 할 기회를 절대 놓칠 사람이 아니야.

WORDS

festival 축제 the largest 가장 큰 famous 유명한 perform 공연하다 fan 팬 extra 남는, 여분의 ticket 티켓, 표 join 합류하다, 함께하다

DAY 058

It's a must-have.

이건 필수품이야.

'must have'는 원래 동사이지만 두 단어를 하이픈(-)으로 이음으로써 형용사 또는 명사로 사용할 수 있습니다. 형용사일 때에는 명사 앞에서 '필수적인'이란 의미로, 명사일 때에는 '필수품'이란 의미로 사용됩니다.

TODAY'S SCRIPT

Whenever I step outside, I always grab one thing. I must carry this around with me everywhere I go. It's hard to walk or drive around without it. Can you guess what it is? It's my sunglasses! They're a must-have for me. My eyes are particularly sensitive to sunlight. They get tired and sore easily. If anyone's like me, I highly recommend wearing sunglasses to protect your eyes.

난 외출할 때면 항상 챙기는 게 하나 있어. 가는 곳마다 이걸 꼭 들고 다녀야 해. 이거 없이는 걸어 다니기도 운전하기도 힘들어. 뭔지 맞힐 수 있겠어? 바로 선글라스야! 나한테는 필수품이거든. 내 눈이 햇빛에 특히나 민감해서 쉽게 피로해지고 시려. 나랑 비슷한 사람이 있으면 눈을 보호하기 위해 선글라스를 쓸 것을 강력 추천해.

KEY EXPRESSIONS

1 Grab ~ ~을 챙기다

Grab your stuff and meet me at the lobby.
짐 챙겨서 로비에서 만나.

Can you grab my keys for me?
내 열쇠 좀 챙겨 줄래?

2 Carry around 들고 다니다

My laptop is too heavy to carry around.
내 노트북은 들고 다니기에 너무 무거워.

I'll carry around your bag for you.
내가 네 가방 들고 다녀 줄게.

3 It's hard to ~ ~하기 어렵다

It's hard to say no sometimes.
가끔 거절하는 건 어렵다.

It's hard to stay positive during hard times.
힘든 시기에 긍정적으로 지내는 건 어렵다.

4 Be a must-have 필수품이다

Umbrellas are a must-have during the rainy season.
장마철에 우산은 필수다.

Tumblers are a must-have for staying hydrated.
수분 충전을 위해서는 텀블러가 필수다.

WORDS

step outside 외출하다 guess 맞히다, 추측하다 particularly 특히 sensitive 예민한 sunlight 햇빛 tired 피곤한 sore 시린 easily 쉽게 highly recommend 강력히 추천하다 protect 보호하다

DAY 059

I would consider it.

고려해 볼 만해.

'I would consider ~'은 '나 같으면 ~을 고려해 보겠어'라며 상대방의 상황에서 고려해 보면 좋은 것들을 추천할 때 사용할 수 있는 표현입니다.

TODAY'S SCRIPT

How is your restaurant doing? If you need a boost in sales, I would consider advertising. There are various ways to advertise these days. Many businesses pay search engines like Naver to be shown at the top of search results. A better way is to collaborate with social media influencers. Have them try your food and make content around it. I heard this has a great marketing effect. It could be worth your money!

네 레스토랑은 잘 되고 있어? 만약 매출을 높이고 싶다면 광고를 고려해 볼 만해. 요즘에는 광고할 수 있는 방법도 다양하잖아. 많은 사업체들이 상위 노출을 위해 네이버 같은 검색 엔진에 돈을 지불하더라. 더 좋은 방법은 SNS의 인플루언서와 협업하는 거야. 음식을 시식하게끔 하고 그걸로 콘텐츠를 만들어 달라고 부탁하는 거지. 이게 진짜 좋은 마케팅 효과가 있다고 들었어. 투자 가치가 있을지 몰라!

KEY EXPRESSIONS

1 How is ~ doing? ~는 잘 지내?, 잘 돼?

How is your dog doing?
너희 집 강아지는 잘 지내?

How is your business doing?
네 사업은 잘 돼?

2 I would consider ~ ~는 고려해 볼 만해

I would consider stock investment.
주식 투자는 고려해 볼 만해.

I would consider getting professional help.
전문적인 도움을 받는 걸 고려해 볼 만해.

3 Collaborate with ~ ~와 협업하다, 협력하다

I hope to collaborate with celebrities one day.
언젠가는 연예인들과 협업해 보고 싶어.

Would you like to collaborate with me?
저와 협업해 보시겠어요?

4 Worth the money 값어치가 있다

Do you think the bag was worth the money?
그 가방은 값어치를 하는 것 같아?

My iPad was worth the money. I use it all the time.
내 아이패드는 값어치를 해. 난 항상 쓰거든.

WORDS

boost 증가 sales 매출 advertise 광고하다 search engine 검색 엔진 search result 검색 결과 influencer 인플루언서 content 콘텐츠 marketing 마케팅

DAY 060

I would if I were you.

나 같으면 하겠어.

'If I were you'는 '내가 너라면'이라는 가정법으로, 내가 너의 입장이었다면 이렇게 했을 거라며 조언을 할 때 사용할 수 있는 표현입니다.

TODAY'S SCRIPT

Are you going to take this job offer? I would if I were you. Want to know why? First, it offers an attractive salary. It's probably the highest you've ever been offered. Second, it is known for its job stability. You won't have to worry about getting fired. Most importantly, it's been your lifelong passion to work for a good cause. This is your opportunity to do so. Imagine how rewarding it will be.

이 일자리 제의 수락할 거야? 나 같으면 받겠어. 왜인지 알려 줄까? 먼저, 높은 연봉을 주잖아. 아마도 여태까지 제의 받은 것 중 가장 높을걸? 두 번째로, 거기는 안정된 직장으로 알려져 있어. 그러니 정리 해고를 걱정할 필요는 없을 거야. 가장 중요하게는 넌 좋은 목적을 위해 일하는 게 평생의 꿈이었잖아. 이게 그럴 수 있는 기회야. 얼마나 보람 있을지 상상해 봐.

KEY EXPRESSIONS

1 Take the offer 제안을 받아들이다, 승낙하다

Should I take the offer?
나 이 제안을 받아들일까?

I should review the contract before I take the offer.
제안을 받아들이기 전에 계약서를 훑어봐야겠어.

2 If I were you 내가 너라면

If I were you, I'd quit the job.
내가 너라면 난 퇴사하겠어.

If I were you, I wouldn't buy that bag.
내가 너라면 그 가방을 사진 않겠어.

3 Worry about ~ ~에 대해 걱정하다

Do you worry about your future?
너는 너의 미래에 대해 걱정하니?

Don't worry about the cost.
비용은 걱정하지 마 .

4 For a good cause 좋은 취지로

My company held a golf tournament for a good cause.
내가 다니는 회사에서 좋은 취지로 골프 대회를 주최했어.

I'm proud of our kids for volunteering for a good cause.
난 우리 자녀들이 좋은 취지로 봉사해서 자랑스러워.

WORDS

attractive 매력적인 salary 연봉, 급여 offer 제공하다, 제안하다 stability 안정감 get fired 해고 당하다 lifelong 평생의 passion 열정 rewarding 보람 있는

DAY 061

Let's sleep on it.

좀 더 고민해 보자.

이 표현을 직역하면 "그것 위에서 잠을 자자."라는 의미로, 무언가를 고민 중일 때 당장 결정하지 말고 좀 더 심사숙고해 보고 결정하자고 제안할 때 사용할 수 있습니다. 고민거리를 베게 밑에다 두고 그 위에서 하루 잠을 자는 것을 상상하면 의미를 연상하는 것이 좀 더 쉽습니다.

TODAY'S SCRIPT

We've got a big decision ahead. Are we moving to the States or staying in Korea? Moving means leaving everything behind. Saying goodbye to our family and friends won't be easy. But then again, I don't want to miss out on the amazing opportunity to live abroad. Right now, it's exactly 50/50 for me. There are so many factors to consider. We shouldn't make a hasty decision. Let's sleep on it for now and come back to it later.

우리는 중요한 결정 하나를 앞두고 있어. 미국으로 이사 갈 건지 한국에 남을 건지 말이야. 이사를 간다면 우린 모든 걸 뒤로 하고 가야 하는 거지. 가족과 친구들한테 작별 인사하는 건 진짜 쉽지 않을 거야. 근데 또 해외에서 살 수 있는 엄청난 기회를 놓치고 싶지 않아. 지금 내 마음은 정확히 50 대 50이야. 고려할 요소가 너무 많아서 절대 성급한 결정을 내리면 안 될 것 같아. 그럼 좀 더 고민해 보고 나중에 다시 얘기하자.

KEY EXPRESSIONS

1 Leave behind 뒤로 하다, 두고 가다

I can't go camping. I can't leave my dogs behind.
난 캠핑 못 가. 강아지들을 두고 갈 수가 없어.

Make sure you don't leave anything behind. We're not coming back.
아무 것도 두고 가지 않는지 확인해. 우리 다시 돌아오지 않을 거야.

2 Live abroad 해외에서 살다

Have you lived abroad before?
해외에서 살아 본 적 있어?

My aunt lives abroad but she visits Korea every year.
우리 이모는 해외에 사시는데, 매해 한국을 방문하셔.

3 Sleep on it 시간을 갖고 고민해 보다

I'm going to sleep on it, and I'll let you know tomorrow.
내가 시간 갖고 좀 고민해 보고, 내일 확답을 줄게.

Don't make a rash decision. You should sleep on it.
성급한 결정을 내리지 말고, 시간을 갖고 고민해 봐.

4 Come back to ~ ~에게 다시 돌아오다

Our vacation is officially over. We need to come back to reality.
우리 휴가가 공식적으로 끝났어. 이제 현실로 다시 돌아와야지.

Let's come back to this topic later.
이 주제는 좀 이따 다시 돌아오자.

WORDS

decision 결정 but then again 근데 또 miss out on ~ ~를 놓치다 amazing 굉장한, 엄청난 50/50 50 대 50 factor 요인 consider 고려하다 hasty 성급한

DAY 062

I'm up for it.

나는 좋아.

'be up for ~'은 '~할 의향이 있다'라는 의미입니다. 무언가를 하는 것에 찬성하거나 동의할 때 "콜!" 또는 "좋아!"라는 의미로도 사용하고, 어떤 일을 자원해서 "제가 할게요!"라는 의미로도 사용됩니다.

TODAY'S SCRIPT

Remember when you suggested we go hiking together? Well, I'm up for it! Initially, I had to think it over because I had other plans for the weekend. I was going to meet up with friends for brunch. However, my everyday routine was getting a bit monotonous. So I thought trying something new for a change would be refreshing. Sometimes it helps to get out of my comfort zone. Since I've never been hiking before, I'm really excited about it. Just let me know what I should pack. See you this weekend!

네가 함께 등산하러 가자고 제안한 거 기억 나? 난 좋아! 처음에는 주말에 다른 계획이 있어서 고민을 해 봐야 했어. 원래 친구들이랑 브런치 약속이 있었거든. 근데 내 반복적인 일상이 점점 지루해져 가는 것 같아. 그래서 변화를 위해 새로운 무언가를 시도하면 기분 전환이 될 것 같았어. 때로는 내 안전 범위에서 벗어나는 데 도움이 되더라고. 난 한 번도 등산을 가 본 적이 없어서 정말 기대돼. 어떤 걸 가져가야 하는지만 알려 줘. 그럼 주말에 보자!

KEY EXPRESSIONS

1 Be up for ~ ~할 의향이 있다, ~하기로 하다

Are you up for the challenge?
도전하실 의향이 있으십니까?

I'm always up for going shopping!
난 언제나 쇼핑 갈 의향이 있지!

2 Think it over 생각해 보다, 고민해 보다

Can I have some time to think it over?
나 시간 좀 갖고 생각해 봐도 돼?

Were you able to think it over? What's your final call?
좀 생각해 볼 수 있었어? 최종 결정이 뭐야?

3 Get out of one's comfort zone 안전 범위에서 벗어나 도전하다

You need to get out of your comfort zone to grow.
성장을 위해서는 안전 범위에서 벗어나는 게 필요해.

I always fear getting out of my comfort zone.
난 내 안전 범위에서 벗어나는 걸 두려워 해.

4 I've never ~ before 난 한 번도 ~한 적이 없다

I've never gone camping before.
난 한 번도 캠핑해 본 적이 없어.

I've never had Indian food before. I'd love to try.
난 한 번도 인도 음식을 먹어 본 적이 없어. 먹어 보고 싶어.

WORDS

suggest 제안하다 initially 처음에는 meet up with ~ ~와 (약속하여) 만나다 brunch 브런치 everyday routine 반복적인 일상 monotonous 단조로운, 지루한 refreshing 기운이 나게 하는, 상쾌한 pack 짐을 챙기다

DAY 063

We're on the same page.

우린 같은 생각이네.

직역하면 "(우리는) 같은 장에 있다."라는 뜻으로, "우리는 생각이 같다.", "우리는 같은 편이다."라는 의미입니다. 따라서 "우리 서로 통했다."라고 말할 수 있는 상황이 있다면 이 표현을 써 보세요.

TODAY'S SCRIPT

Thank you for your proposal regarding our future business plans. I have thoroughly reviewed your ideas on the direction we should take. I must say they are excellent. I was particularly intrigued by your thoughts on expanding our business globally. I'm relieved that we're on the same page. I would like you to lead our global marketing division. I look forward to your input.

미래 사업 계획에 대한 제안서에 감사드립니다. 저희가 나아가야 할 방향에 대해 제시해 주신 아이디어를 면밀히 검토해 보았습니다. 훌륭하네요. 말씀하신 것 중 전 세계로 사업을 확장하는 것에 대한 아이디어가 특히 눈에 띄었습니다. 저희가 같은 생각이라서 다행입니다. 저희 글로벌 마케팅 부문을 앞으로 이끌어 주셨으면 합니다. 당신의 기여를 기대하겠습니다.

KEY EXPRESSIONS

1 Regarding ~ ~에 관하여

I need to talk to you regarding my career.
내 커리어 관해서 너랑 얘기할 게 있어.

I received a notice regarding the school policy.
학교 교칙에 관한 안내문을 받았어.

2 Idea on ~ ~에 대한 생각, 아이디어

Do you have any ideas on how to fight bullying?
학교 폭력을 근절시키기 위한 아이디어가 있으세요?

I have some ideas on how we can earn money.
돈을 벌 수 있는 방법에 대한 아이디어가 몇 가지 있어.

3 Be on the same page 같은 생각이다

Mark and Sarah are on the same page about everything. They're a perfect couple.
마크와 사라는 모든 것에 대해 생각이 같아. 완벽한 커플이야.

I totally agree with you. We're on the same page.
완전히 동의해. 우린 같은 생각이네.

4 I would like you to ~ 네가 ~했으면 좋겠어

I would like you to be my bridesmaid.
네가 내 신부 들러리를 해 줬으면 좋겠어.

I would like you to work with us.
당신이 저희와 함께 일했으면 좋겠어요.

WORDS

proposal 제안서 business plan 사업 계획 thoroughly 완전히, 철저히 review 검토하다 direction 방향성 particularly 특히나 intrigued 흥미로워하는 expand 확장시키다 globally 세계적으로 relieved 안심된 input 기여

DAY 064

I have no idea.

전혀 모르겠어.

어떤 주제에 대해 하나도 모르겠다고 할 때 사용할 수 있는 표현으로, 일상에서 정말 많이 들을 수 있습니다. 더 간단하게는 "No idea."라고만 표현할 수도 있습니다.

TODAY'S SCRIPT

People often ask me why I'm not as close with Rachel anymore. Honestly, I have no idea. She and I naturally grew apart over time. Come to think of it, I haven't been in touch with her for a while. Our last encounter was back in 2022. At a certain point, she stopped responding to my texts. She hasn't been picking up my calls either. I'm not sure if I've unintentionally upset her, or if something is going on in her life.

사람들이 종종 나에게 왜 레이첼이랑 더 이상 친하게 지내지 않는지 묻곤 하는데, 솔직히 말해서 나도 전혀 모르겠어. 그냥 시간이 흐르면서 자연스럽게 멀어진 것 같아. 생각해 보면 우린 한동안 연락을 안 하고 있어. 우리가 마지막으로 만난 게 2022년인데, 어느 순간 걔가 내 문자 메시지에 답장을 안 하기 시작했고, 전화도 내내 안 받고 있어. 내가 무심코 걔에게 상처를 줬는지, 아니면 무슨 일이 있는 건지 모르겠어.

KEY EXPRESSIONS

1 I have no idea 전혀 모르겠다

I have no idea where they are.
그들이 어디에 있는지 전혀 모르겠네.

I have no idea what time it is right now.
지금이 몇 시인지 전혀 모르겠네.

2 Grow apart 사이가 멀어지다

I don't want us to grow apart.
우리 사이가 멀어지지 않았으면 좋겠어.

Distance often causes couples to grow apart.
거리가 있으면 연인들의 마음이 멀어지곤 해.

3 Come to think of it 생각해 보니까, 그러고 보니

Come to think of it, I forgot to bring my wallet.
그러고 보니까 지갑을 깜빡했어.

Come to think of it, I know a good lawyer.
생각해 보니까 나는 좋은 변호사 한 분을 알아.

4 Be going on 일어나고 있다, 어떤 일이 있다

Can you tell me what's going on?
무슨 일이 있는 건지 알려 줄래?

Nothing's going on.
아무 일도 없어.

WORDS

close 가까운 anymore 더 이상 honestly 솔직히 naturally 자연스럽게 over time 시간이 흐르면서 encounter 만남 respond 답장하다 pick up calls 전화를 받다 unintentionally 무심코, 의도적이지 않게 upset 속상하게 하다

DAY 065

I'm on board with that.

나는 찬성이야.

'on board'는 원래 배에 탑승한 상태를 의미하는데, 배에 탑승했다고 하면 어떤 것에 '동의하다' 또는 '찬성하다'라는 의미를 갖습니다. 누군가의 말에 적극적으로 찬성할 때 사용해 보세요.

TODAY'S SCRIPT

I've been contemplating your suggestion to get rid of our TV. I'm on board with that. I've come to realize that our TV is negatively affecting our relationship. We immediately turn it on as soon as we get home. We even eat by the TV these days. This routine has significantly reduced our communication. I think removing our TV can make a big difference. Let's give it a try.

TV를 없애 보자는 너의 제안을 심사숙고했는데, 난 찬성이야. TV가 우리의 관계에 부정적인 영향을 미치고 있다는 걸 깨달았어. 집에 오자마자 바로 TV를 켜고, 요즘은 심지어 밥도 TV 앞에서 먹잖아. 이런 일상으로 인해 우리의 의사소통이 확연히 줄었어. TV를 없애 보는 게 큰 변화를 가져올 수 있다고 생각해. 한번 해 보자.

KEY EXPRESSIONS

1 I've been contemplating ~ ~를 고민하고 있다

I've been contemplating my future.
난 내 미래에 대해 고민하고 있어.

I've been contemplating what to choose.
난 무엇을 선택할까 고민하고 있어.

2 Be on board 동의하다, 찬성하다

Are you on board with his idea?
그의 아이디어에 동의해?

I'm on board with your plan.
너의 계획에 난 찬성이야.

3 As soon as ~ ~하자마자

Text me as soon as you get there.
거기에 도착하자마자 나한테 문자해.

I got a job as soon as I graduated.
난 졸업하자마자 일자리를 찾았어.

4 Make a difference 변화를 가져오다

One person can make a difference.
한 사람이 변화를 가져올 수도 있다.

If everyone chips in, we can make a difference.
모두 조금씩 돈을 모은다면 우린 변화를 만들 수도 있어.

WORDS

suggestion 제안 get rid of 없애다 realize 깨닫다 negatively 부정적으로 affect 영향을 미치다 immediately 즉시 turn on 켜다 routine 일상 significantly 확연히 remove 제거하다

DAY 066

Review Quiz

DAY 056~ 065

01 **You really ______________ with white!**

흰색은 정말 언제나 옳아!

02 **I have an exam ______________.**

다가오는 시험 일정이 있다.

03 **Don't ______________ the great opportunity.**

좋은 기회를 놓치지 마.

04 **Tumblers ______________ for staying hydrated.**

수분 충전을 위해서는 텀블러가 필수다.

05 **My laptop is too heavy to ______________.**

내 노트북은 들고 다니기에 너무 무거워.

06 **I ______________ stock investment.**

주식 투자는 고려해 볼 만해.

07 **Do you think the bag was ______________?**

그 가방은 값어치를 하는 것 같아?

08 ______________, I'd quit the job.

내가 너라면 난 퇴사하겠어.

09 Don't make a rash decision. You should ______________.

성급한 결정을 내리지 말고, 시간을 갖고 고민해 봐.

10 Have you ______________ before?

해외에서 살아 본 적 있어?

11 Are you ______________ the challenge?

도전하실 의향이 있으십니까?

12 I totally agree with you. We're on the ______________.

완전히 동의해. 우린 같은 생각이네.

13 I have some ______________ how we can earn money.

돈을 벌 수 있는 방법에 대한 아이디어가 몇 가지 있어.

14 I ______________ where they are.

그들이 어디에 있는지 전혀 모르겠네.

15 I'm ______________ with your plan.

너의 계획에 난 찬성이야.

정답 **01.** can't go wrong **02.** coming up **03.** miss out on **04.** are a must-have **05.** carry around **06.** would consider **07.** worth the money **08.** If I were you **09.** sleep on it **10.** lived abroad **11.** up for **12.** same page **13.** ideas on **14.** have no idea **15.** on board

DAY 067 It's open 24/7. 항상 열려 있어.

DAY 068 Let's call it a day. 오늘은 여기까지 하자.

DAY 069 Let me know in advance. 미리 알려 줘.

DAY 070 Let's play it by ear. 상황을 봐 가면서 결정하자.

DAY 071 I was just about to leave. 막 나가려던 참이었어.

DAY 072 It's about time. 그럴 때도 됐지.

DAY 073 It was very last minute. 진짜 막바지였어.

DAY 074 We have some time to kill. 시간이 좀 남았어.

DAY 075 It's better late than never. 늦게라도 하는 게 낫지.

DAY 076 My ETA is 7:30 PM. 난 저녁 7:30에 도착 예정이야.

DAY 077 Review Quiz

Part 07

시간/약속 표현

DAY 067

It's open 24/7.

항상 열려 있어.

'24/7'은 24시간과 7일을 한 단어로 합친 말로, "It's open 24/7."이라고 하면 24시간, 7일 내내 열려 있다는 뜻을 지니게 되면서 간단하게는 "연중무휴"를 의미합니다. 꼭 24시간 내내가 아니더라도 일상에서는 '항상', '계속해서'라는 의미로 사용합니다.

TODAY'S SCRIPT

One thing that foreigners find interesting about South Korea is the convenience stores. In Korea, you can find them at every corner. They sell all kinds of things including quick food, drinks, and even home essentials. What's more surprising is that they're open 24/7! You can run to a nearby convenience store at 3 AM for a late-night snack. If you ever visit Korea, I recommend stopping by any convenience store. I'm sure it will be a fun experience.

외국인들이 한국에 대해서 흥미롭게 생각하는 것 중 하나는 바로 편의점이야. 한국에서는 어디를 가든지 편의점을 볼 수 있어. 즉석 음식, 음료, 생필품 등 다양한 것들을 파는데, 더 놀라운 건 24시간 항상 열려 있다는 거야! 이 말은 새벽 3시에도 근처 편의점에 가서 야식을 사 먹을 수 있다는 말이지. 한국에 가게 된다면 편의점에 들러 보기를 추천해. 재미있는 경험이 될 거라고 장담해.

KEY EXPRESSIONS

1 At every corner 도처에, 어디를 가든지

In Seoul, you can find a coffee shop at every corner.
서울에서는 어디를 가든지 카페를 찾을 수 있어.

Bangkok is famous for its street food spots at every corner.
방콕은 도처에 있는 길거리 음식으로 유명해.

2 24/7 언제나, 항상, 계속해서

I'm here for you 24/7.
나는 언제나 널 위해 여기에 있어.

I am working 24/7.
나는 항상 일해.

3 If you ever ~ 언제라도 ~하게 되면

If you ever need help, call me anytime.
언제라도 도움이 필요하면 나한테 전화해.

If you ever feel sick, go see a doctor.
언제라도 아프면 의사에게 진찰을 받아.

4 I recommend ~ 나는 ~을 추천한다

I recommend seafood pasta.
나는 해물 파스타를 추천해.

I recommend this book.
나는 이 책을 추천해.

WORDS

foreigner 외국인 interesting 흥미로운 convenience store 편의점 quick food 즉석 음식 home essentials 생필품 run to ~ ~에 가다 nearby 근처 late-night snack 야식, 늦은 간식 stop by 들르다

DAY 068

Let's call it a day.

오늘은 여기까지 하자.

'call it a day'는 '하루 업무를 마치다'라는 의미로, "Let's call it a day."라고 하면 "오늘은 여기까지만 하고 마무리 짓자."라고 제안할 때 사용할 수 있습니다.

TODAY'S SCRIPT

I appreciate everyone's dedication to this project. I recognize the effort everyone is putting into it. I can see that everyone is giving it their all. Though I'm proud of our progress, I also understand the importance of taking a break. We've been working on this project nonstop for days. Look at the big pile of coffee and energy drink cans over there! Let's call it a day, and we'll pick it up tomorrow.

여러분 모두 이 프로젝트에 헌신해 주셔서 감사합니다. 모두가 얼마나 노력을 기울이고 있는지 보여요. 모두 최선을 다하고 있다는 걸 알 수 있어요. 우리의 진전이 뿌듯하지만, 동시에 휴식의 중요성을 무시할 수는 없어요. 우리는 며칠 동안 쉬지 않고 이 프로젝트에 매달려 있었잖아요. 저기에 쌓인 커피와 에너지 드링크 캔을 보세요! 오늘은 여기까지 하고, 내일 다시 시작합시다.

KEY EXPRESSIONS

1 I recognize ~ 나는 ~을 알아

I recognize you from the newspaper.
나는 너를 신문에서 봐서 알아.

I recognize you were right.
네가 옳았다는 걸 알아.

2 Give it (one's) all 최선을 다하다

Are you giving it your all?
너 최선을 다하고 있어?

I'm going to give it my all regardless of the result.
난 결과에 상관없이 최선을 다할 거야.

3 Importance of ~ ~의 중요성

My boss emphasized the importance of communication.
내 상사가 의사소통의 중요성을 강조하셨어.

I believe in the importance of education.
난 교육의 중요성을 믿어.

4 Call it a day 그만하다

Should we call it a day?
오늘은 여기까지만 할까?

It's getting late. Let's call it a day.
시간이 늦어지고 있어. 오늘은 여기까지 하자.

WORDS

appreciate 감사해하다 dedication 기여, 헌신 put into 들이다, 넣다 progress 진전, 진척 take a break 휴식을 취하다 nonstop 쉬지 않고, 연속으로 pile 더미, 무더기 pick it up 다시 시작하다

DAY 069

Let me know in advance.

미리 알려 줘.

'Let me know'는 '나중에 알려 달라'는 의미로, 준비할 시간을 위해 미리 알려 달라고 할 때 이 표현을 사용할 수 있습니다. 같은 의미로 "Let me know ahead of time."이라고 표현할 수도 있습니다.

TODAY'S SCRIPT

My friends and I are planning to go watch the new movie. We'd love for you to join us! I'm especially excited because it's made by my favorite director, James Cameron. He is renowned worldwide for his remarkable storytelling. His movies are some of my all-time favorites. Without a surprise, this new movie is receiving excellent reviews as well. Anyways, if you decide to come, let me know in advance. I'll buy your ticket and save you a seat.

내 친구들과 새로 나온 영화를 보러 가려고 하는데, 너도 같이 보러 가면 좋겠어! 나는 특히 기대되는 게 내가 제일 좋아하는 감독인 제임스 카메론의 작품이거든. 이 분은 스토리텔링을 잘하는 걸로 세계적으로 유명한 감독이야. 내 최애 영화 중에 그가 만든 영화가 많아. 놀랍지도 않게 새로운 영화도 훌륭한 평가를 받고 있어. 어쨌든 오기로 결정하면 미리 알려 줘. 내가 티켓 사 놓고 자리를 맡아 놓을게.

KEY EXPRESSIONS

1 would love for you to ~ 네가 ~했으면 좋겠다

I'd love for you to move in.
네가 이사 와서 같이 살았으면 좋겠다.

I'd love for you to meet my family.
네가 우리 가족을 만나면 좋겠어.

2 all-time favorite 최애의, 최고로 좋아하는

Cinderella is my all-time favorite Disney princess.
신데렐라는 내 최애 디즈니 공주야.

What is your all-time favorite song?
네가 최고로 좋아하는 노래가 뭐야?

3 Let me know 알려 줘

Let me know what you want to order.
뭘 주문하고 싶은지 알려 줘.

Let me know what you think.
어떻게 생각하는지 알려 줘.

4 Save (someone) a seat (누구를 위해) 자리를 맡아 놓다

Come sit here! I save you a seat.
여기 와서 앉아! 내가 네 자리를 맡아 놨어.

Can you save me a seat? I'm going to be late.
내 자리 좀 맡아 줄 수 있어? 나 늦을 것 같아.

WORDS

go watch 가서 보다 especially 특히 favorite 가장 좋아하는 renowned 유명한, 알려진 worldwide 전 세계적으로 remarkable 주목할 만한 all-time 역대의 review 평가 seat 좌석, 자리

DAY 070

Let's play it by ear.

상황을 봐 가면서 결정하자.

사전 계획을 세우는 것이 불가능하거나 상황을 봐 가며 결정을 내려야 할 때, "상황을 봐서 결정하자.", "그때 가서 걱정하자."라고 합니다. 'play by ear'은 '악보 없이 귀로만 듣고 연주하다', 더 나아가 '즉흥적으로 연주하다'는 의미에서 유래되어 이런 의미를 갖게 되었습니다.

TODAY'S SCRIPT

Let's discuss our upcoming trip to Vietnam next month. I already booked our flight tickets. I'm going to look for a hotel and make a reservation soon. Other than that, I haven't figured out any details yet. Instead of planning ahead, how about this? Let's play it by ear, adjusting activities as we go. Spontaneity can be exciting, especially when traveling. Let's have all the fun while we're there!

다음 달에 있을 베트남 여행에 대해 우리 얘기 좀 해 보자. 내가 비행기 표는 이미 예약했어. 곧 호텔을 찾아서 예약할 거야. 그 외에는 아직 어떤 세부 사항도 정하지 않았어. 미리 계획을 세우는 대신에 이건 어때? 다니면서 상황을 봐 가며 뭘 할지 결정하는 거야. 특히 여행 다닐 때는 즉흥적인 게 재미있어. 거기에 있는 동안 최대로 재미있게 지내자!

KEY EXPRESSIONS

1 Let's discuss ~ ~에 대해 의논하자

Let's discuss our wedding details.
우리 결혼식 세부 사항에 대해 의논 좀 해 보자.

Let's discuss the issue over lunch.
점심을 먹으면서 그 문제에 대해 의논해 보자.

2 Figure out 정하다, 계획하다

Have you figured out what you're going to do?
너 어떻게 할 건지 결정했어?

Let's figure out how we're going to get there.
우리 어떻게 거기까지 갈 건지 정해 보자.

3 Play it by ear 상황을 봐 가며 결정하다

I don't know how many people are coming. Let's play it by ear.
몇 명이 오는지 모르겠어. 상황을 봐 가며 대처하자.

There's no plan. We have to play it by ear.
계획이 없어. 그냥 상황 봐서 해야 해.

4 Have fun 재미있게 놀다

How was the party? Did you have fun?
파티 어땠어? 재미있었어?

The kids are having fun at the playground.
애들은 놀이터에서 재미있게 놀고 있어.

WORDS

upcoming 다가오는 book 예약하다 reservation 예약 details 세부 사항 instead of ~ ~ 대신에 ahead 미리, 앞서 adjust 조정하다 spontaneity 즉흥성 especially 특히

DAY 071

I was just about to leave.

막 나가려던 참이었어.

'be about to ~'는 '막 ~하려던 참이다'라는 뜻을 갖고 있습니다. 따라서 이 표현은 "안 그래도 지금 막 일어나서 떠나려던 참이었어."라는 뉘앙스로 사용하면 됩니다.

TODAY'S SCRIPT

Earlier, I was at a café working on my music. It was getting dark outside and I was getting tired. I packed up all of my stuff to head home. But when I was just about to leave, someone tapped me on the shoulder. When I turned around, I was surprised to see my friend from middle school. It's been ages since we last saw each other. We had so much to catch up on. I ended up staying at the café for two more hours with him.

좀 전에 나는 음악 작업을 하면서 카페에 있었어. 점점 밖이 어두워지고 나도 피곤해져서 짐을 다 싸고 집에 가려고 했어. 근데 내가 막 나가려던 참에 누가 내 어깨를 톡 톡 두드리는 거야. 뒤돌아본 순간 중학교 때 친구를 발견하고 깜짝 놀랐어. 우리가 마지막으로 본 게 한참 전이거든. 서로 밀린 얘기를 나누느라고 난 결국 친구랑 두 시간 동안 더 카페에 머물게 됐어.

KEY EXPRESSIONS

1 Work on ~ ~를 작업하다

I'm working on the project right now.
난 지금 프로젝트 작업을 하고 있어.

What are you working on?
너 뭐 작업하고 있어?

2 Be about to ~ 막 ~하려던 참이다

I was about to ask you if you know the answer.
너 혹시 정답을 아는지 막 물어보려던 참이었어.

Were you about to go home?
너 집에 가려던 참이었어?

3 It's been ages since ~ ~한 지 한참 됐다

It's been ages since I graduated.
난 졸업한 지 한참 됐어.

It's been ages since we last talked.
우리 마지막으로 얘기한 지 한참 됐네.

4 Catch up 밀린 얘기를 나누다, 따라잡다

Let's catch up over coffee!
커피 마시면서 오랜만에 얘기 나누자.

We should catch up sometime.
우리 언제 한번 만나서 밀린 얘기를 나누자.

WORDS

earlier 좀 전에 head home 집에 가다 tap 톡톡 두드리다 shoulder 어깨 turn around 뒤돌아보다 surprise 놀라다 last 마지막으로 end up 결국 ~하게 되다

DAY 072

It's about time.

그럴 때도 됐지.

이 표현을 직역하면 "시간이 거의 되었다."로, '~ 할 시간이 되었다'라는 의미로 사용할 수도 있지만 "(언제 하나 기다렸는데 이제서야 하네.) 그럴 때도 됐지 뭐."라는 뉘앙스로도 사용할 수 있습니다.

TODAY'S SCRIPT

You should have seen my brother's room. It was a real shocker. Nothing was in its place, with all his clothes scattered on the floor. I don't think he had vacuumed or done his laundry for a whole month. But today, for some reason, he suddenly started cleaning up. He's hanging up his clothes and organizing his things right now. I mean, it's about time. I'm relieved he made up his mind to clean up.

네가 우리 형 방을 봤었어야 했어. 진짜 충격적이었어. 제자리에 있는 것이 없고 옷은 바닥에 흩어져 있었어. 한 달 동안 청소기를 돌리거나 빨래도 하지 않았을 거야. 그런데 오늘 어떤 이유에서인지 갑자기 형이 정리를 하기 시작했어. 지금 옷들을 옷걸이에 걸고 물건들을 정리하고 있어. 사실 그럴 때도 됐지. 형이 마음을 먹고 청소한다니 너무 다행이야.

KEY EXPRESSIONS

1 You should have ~ 너 ~했어야 했어, ~하지 그랬어

You should have taken public transportation.
대중교통을 이용하지 그랬어.

You should have called me. I could have helped.
나한테 전화하지 그랬어. 내가 도와줄 수 있었는데.

2 It's about time 그럴 때도 됐지

Can I go in now? It's about time.
이제 들어가도 돼요? 그럴 때도 됐지만요.

It's about time I showed up.
내가 한 번 나타나 줄 때가 됐지.

3 be relieved 안심이 된다, 다행이다

I'm relieved that you're safe.
네가 안전하다니 다행이야.

I'm relieved that I'm done with my exams.
시험을 다 끝내서 다행이야.

4 Make up one's mind 마음을 먹다, 결정하다

Did you make up your mind?
결정했어?

It's time to make up your mind.
이제 결정을 해야 해.

WORDS

shocker 충격적인 일 in place 제자리에 scatter 흩어지다 vacuum 청소기를 돌리다 laundry 빨래 for some reason 무슨 이유인지 suddenly 갑자기 hang up 걸다 organize 정리하다

DAY 073

It was very last minute.

진짜 막바지였어.

'last minute'은 '마지막 일 분'이라는 의미로, 정말 마지막 순간, 예를 들면 마감 직전이나 약속 시간 직전 등 '막바지'를 표현할 때 사용합니다.

TODAY'S SCRIPT

I tend to procrastinate at times. I often find myself rushing just before the due date. For example, I recently had a friend's birthday party to attend. I had to bring a gift, but I put off gift shopping until the day of. When I finally ran to the nearest department store, I panicked because it was closed for the day. Luckily, I rushed to the next closest store and managed to get a gift. It was very last minute, but I made it to the party in time.

가끔 나는 미루는 경향이 있어. 그래서 마감 직전에 서두르는 나를 발견하곤 해. 예를 들어, 최근에는 친구의 생일파티에 참석해야 했어. 선물을 가져가야 했지만 쇼핑하는 걸 파티 당일까지 미뤘어. 마침내 가장 가까운 백화점으로 뛰어갔는데, 그곳이 그날 문을 닫는다는 사실에 패닉에 빠졌어. 다행히 그 다음으로 가까운 상점에 달려가서 선물을 구할 수 있었어. 진짜 막바지에 가긴 했지만, 시간 내에 파티에 도착할 수 있었어.

KEY EXPRESSIONS

1 I tend to ~ 나는 ~하는 경향이 있어

I tend to doze off when I'm tired.
난 피곤하면 조는 경향이 있어.

I tend to get bloated after a meal.
나는 식사를 하고 나면 붓는 경향이 있어.

2 Just before 직전에

The restaurant closed just before I got there.
내가 도착하기 직전에 음식점이 문을 닫았어.

My boss gave me a task just before I was about to leave the office.
내가 퇴근하려 하기 직전에 상사가 업무를 줬어.

3 Put off ~ ~를 미루다, 연기하다

I put off the interview.
나 인터뷰를 좀 미뤘어.

Should we put off the meeting?
우리 회의를 좀 미룰까?

4 It was last minute 막바지였다, 급하게 했다

She called for help. It was last minute.
그녀는 막바지가 되어서야 도움을 청했다.

I got to class very late. It was last minute.
나 수업에 엄청 늦었어. 막바지였어.

WORDS

procrastinate 미루다 leave 놔두다 attend 참석하다 the day of 당일 department store 백화점 panic 패닉하다 luckily 다행히도 manage to ~ ~를 해내다 make it 도착하다 in time 제시간에

DAY 074

We have some time to kill.

시간이 좀 남았어.

'kill time'은 '시간을 죽이다'라는 의미로, 자연스럽게는 '여유 시간을 때우다'라는 의미가 있습니다. 따라서 'time to kill'은 '남는 여유 시간'을 의미합니다.

TODAY'S SCRIPT

I guess we got here earlier than we expected. Our plan was for everyone to meet here by 2. We're here an hour early, so we have some time to kill. In that case, how about we take a stroll and explore the city? I am always up for new adventures. If we come across any street food, we should give it a try. We can also stop by a local café for a quick coffee. I'd love to check out local shops for souvenirs. Let's have fun before meeting up with everybody.

우리가 예상보다 일찍 도착한 것 같아. 우리 계획은 2시까지 모두 여기서 만나는 거였잖아. 한 시간 일찍 왔으니 시간이 좀 남았어. 그럼 우리 좀 걸어 다니면서 도시를 구경하는 건 어때? 나는 항상 새로운 모험을 찾아 나서는 편이거든. 길거리 음식이 있으면 한번 먹어 보자. 근처 카페에 들러서 간단히 커피도 마시자고. 그리고 기념품 파는 가게에 가서 구경도 하고 싶어. 다른 사람들 만나기 전에 재밌는 시간을 갖자.

KEY EXPRESSIONS

1 Have time to kill 시간이 남다

Do you have time to kill before the meeting?
미팅 들어가기 전에 시간 좀 남아?

I have time to kill if you need some help.
도움이 필요하면 나 지금 시간이 남아. (그러니까 부탁해도 돼.)

2 Be up for ~ ~를 선호하다, ~할 의향이 있다

I'm up for the challenge.
난 도전해 볼 의향이 있어.

I'm not up for trying anything new.
난 새로운 것을 시도해 보는 걸 선호하지 않아.

3 Stop by 잠깐 들르다

Stop by my house later. I have something to show you.
이따 우리 집에 잠깐 들러. 보여줄 게 있어.

I need to stop by the grocery store to get eggs.
나 계란 사러 마트에 잠깐 들러야 해.

4 Meet up with ~ ~와 (약속해서) 만나다

I met up with some of my friends.
내 친구들 몇 명이랑 만났어.

Why did you meet up with your ex?
너 전 애인이랑 왜 만난 거야?

WORDS

expect 예상하다 in that case 그럴 경우 take a stroll 산책하다 explore 탐방하다
adventure 모험 give it a try 시도해 보다 local 지역의, 동네의 check out 들러서 구경하다
souvenir 기념품

DAY 075

It's better late than never.

늦게라도 하는 게 낫지.

이 표현은 직역하면 "안 하는 것보다 늦는 게 낫지."라는 의미로, 늦었지만 지금이라도 얼른 하라고 부추길 때 사용할 수 있는 표현입니다.

TODAY'S SCRIPT

Why haven't you submitted your homework? It was due yesterday. If you have already completed it, you should submit it now. Even if you haven't finished it, you should get it done and hand it in as soon as you can. If you don't, I heard you'll get no credit for this assignment. That could be critical to your overall GPA. However, if you turn it in late, you'll at least receive partial credit. Trust me, it's better late than never.

왜 숙제를 제출하지 않았어? 어제가 제출일이었잖아. 이미 끝냈으면 지금이라도 제출해. 아직 안 끝냈다면 최대한 빨리 끝내서 제출해야지. 그렇지 않으면 이 과제에 대해 점수를 전혀 못 받는다고 들었어. 그럼 네 학점에 치명적일 수 있잖아. 근데 늦게라도 제출하면 적어도 부분 점수라도 받을 수 있을 거야. 날 믿어, 늦게라도 하는 게 나아.

KEY EXPRESSIONS

1 Be due ~ (언제)가 마감/제출일이다

The project is due tomorrow.
그 프로젝트는 내일이 마감이야.

Do you know when the paper is due?
논문이 언제가 제출일인지 알아?

2 Get it done 끝내다

Can you get it done by next week?
다음 주까지 끝낼 수 있어요?

We only have an hour left to get it done.
우리는 이걸 끝낼 수 있는 시간이 딱 한 시간 남았어.

3 At least 적어도, 최소한

You should at least hear him out.
최소한 그의 말이라도 들어 줘.

I believe every house has at least one TV.
모든 집에 적어도 텔레비전 하나씩은 있을 거야.

4 It's better late than never 늦게라도 하는 게 낫다

You made it! It's better late than never.
결국 왔구나! 안 오는 것보다 늦게라도 오는 게 낫지.

I pushed it off for too long, but it's better late than never.
너무 오랫동안 미뤄 왔는데, 그래도 늦게라도 하는 게 낫지.

WORDS

submit 제출하다 due 예정된 complete 완성하다 finish 완료하다 hand in 제출하다
credit 점수 critical 치명적인 overall 전반적인 GPA 학점 partial 부분적인

DAY 076

My ETA is 7:30 PM.

난 저녁 7:30에 도착 예정이야.

'ETA'는 'estimated time of arrival(도착 예정 시간)'의 줄임말로, 일상에서 흔하게 사용합니다. "나 7시에 도착이야." 또는 "너 언제 도착이야?" 등 도착 예정 시간을 공유할 때 ETA를 써 보세요.

TODAY'S SCRIPT

Hey guys, I'm sorry to say I'm running late. I know we're supposed to meet at 7 for dinner. I got held up because something came up. You know how I was actively looking for a job these days? Well, I got a call from one of the jobs I applied to. He was calling to let me know that I got the job! I'll be starting next week. To celebrate, dinner and drinks are on me tonight. My ETA is 7:30 PM, so see you soon!

애들아, 미안한데 나 조금 늦어. 오늘 저녁 식사로 7시에 만나기로 한 거 아는데, 갑자기 일이 생겨서 꼼짝 못하고 있었어. 내가 요즘 열심히 일을 구하고 있던 거 알지? 내가 지원한 곳 중에 한 군데에서 전화가 온 거야. 내가 그 회사에 취직이 됐대! 다음 주부터 일을 시작하기로 했어. 축하하기 위해서 오늘 저녁 식사랑 술은 내가 쏜다. 나 7:30에 도착이니까 곧 만나!

KEY EXPRESSIONS

1 Be running late 늦다, 지각하다

Are you running late?
너 늦어?

We're running late. We'll be there in 30 minutes.
우리 좀 늦어. 30분 후에 도착해.

2 Get held up 잡혀 있다, 꼼짝 못하고 있다

I got held up in the traffic for an hour.
차가 막혀서 한 시간을 꼼짝 못하고 있었어.

I got held up at the office.
사무실에 붙잡혀 있었어.

3 Be on me 내가 산다, 내가 쏜다

Don't mind the price tag. It's on me.
가격표는 신경 쓰지 마. 내가 쏘는 거니까.

Feel free to order anything you want! It's on me tonight.
원하는 거 다 시키세요! 오늘 저녁은 제가 쏘는 거예요.

4 ETA (estimated time of arrival) 도착 예정 시간

Just letting you know, my ETA is 10 minutes!
그냥 알려 주는 건데, 나 10분 후에 도착해!

What's your ETA?
너 언제 도착이야?

WORDS

be supposed to ~ ~하기로 되어 있다 come up 갑자기 발생하다 actively 활발히, 적극적으로 look for ~를 찾다 apply to ~에 지원하다 let me know 나에게 말해 주다 get the job 취직하다 celebrate 축하하다

DAY 077

Review Quiz

DAY 067 ~ 076

01 **I'm here for you ______.**

나는 언제나 널 위해 여기에 있어.

02 **It's getting late. Let's ______.**

시간이 늦어지고 있어. 오늘은 여기까지 하자.

03 **I believe in the ______ education.**

난 교육의 중요성을 믿어.

04 **______ what you think.**

어떻게 생각하는지 알려 줘.

05 **There's no plan. We have to ______.**

계획이 없어. 그냥 상황 봐서 해야 해.

06 **How was the party? Did you ______?**

파티 어땠어? 재미있었어?

07 **Were you ______ go home?**

너 집에 가려던 참이었어?

08 **It's ______________ I showed up.**

내가 한 번 나타나 줄 때가 됐지.

09 **I'm ______________ that you're safe.**

네가 안전하다니 다행이야.

10 **I got to class very late. It was ______________.**

나 수업에 엄청 늦었어. 막바지였어.

11 **Do you have ______________ before the meeting?**

미팅 들어가기 전에 시간 좀 남아?

12 **I ______________ some of my friends.**

내 친구들 몇 명이랑 만났어.

13 **You made it! It's better ______________.**

결국 왔구나! 안 오는 것보다 늦게라도 오는 게 낫지.

14 **What's your ______________?**

너 언제 도착이야?

15 **We're ______________. We'll be there in 30 minutes.**

우리 좀 늦어. 30분 후에 도착해.

정답 **01.** 24/7 **02.** call it a day **03.** importance of **04.** Let me know **05.** play it by ear **06.** have fun **07.** about to **08.** about time **09.** relieved **10.** last minute **11.** time to kill **12.** met up with **13.** late than never **14.** ETA **15.** running late

Part 08

구어체/
최신영어

DAY 078

It makes me cringe.

너무 오글거려.

cringe는 몸이 움츠러드는 것을 표현하는 단어로, 민망하고 낯 뜨거워지는 상황에서 '오글거린다'라고 하듯, 영어로도 이런 감정을 표현하기 위해 cringe라는 단어를 사용합니다.

TODAY'S SCRIPT

I still keep my diaries from my teenage years. I revisit them from time to time for fun. There is this one story about my crush. I guess I was madly in love with him. I listed all the things I like about him. I even mentioned that I'm going to marry him one day. It makes me cringe to see how immature I was. Yet, it's bittersweet to realize how much I've grown since then. It feels like yesterday that I was writing in this diary.

나는 아직도 10대 시절에 쓴 일기를 가지고 있어. 나는 가끔 재미를 위해 다시 찾아서 읽곤 해. 내가 짝사랑하던 사람에 대한 이야기가 하나 있는데, 그 당시에 내가 그에게 홀딱 빠져 있었나 봐. 그에 대해 마음에 드는 모든 것들을 나열하고, 심지어 언젠가 그와 결혼할 거라고 적어 놓았더라고. 내 자신이 얼마나 미성숙했는지 보면 되게 오글거려. 근데 또 그때로부터 내가 얼마나 성장했는지 깨닫게 되면 시원섭섭하기도 해. 이 일기를 쓰던 게 엊그제 같은데 말이야.

KEY EXPRESSIONS

1 I'm going to ~ one day 언젠가는 ~하고 말 거야

I'm going to be famous one day.
언젠가는 꼭 유명해지고 말 거야.

I'm going to be rich one day.
언젠가는 꼭 부자가 되고 말 거야.

2 Make (someone) cringe (누군가를) 오글거리게 하다

Did my joke make you cringe?
내 농담 때문에 민망했어?

The Korean finger heart makes me cringe.
한국의 손가락 하트는 너무 오글거려.

3 It's bittersweet 시원섭섭하다, 좋으면서 슬프다

Tomorrow's my graduation. It's bittersweet.
내일이 졸업식이야. 시원섭섭하네.

It's my son's first day of school today. It's bittersweet.
오늘이 내 아들 처음으로 등교하는 날이야. 시원섭섭하네.

4 It feels like ~ ~처럼 느껴지다

It feels like I'm on vacation.
휴가 온 것 같은 느낌이야.

It feels like a different world.
다른 세상처럼 느껴져.

WORDS

keep 갖고 있다 teenage 10대의 revisit 재방문하다 from time to time 때때로, 가끔 for fun 재미로 crush 짝사랑하는 사람 madly 미친 듯이 list 나열하다 mention 언급하다 immature 미성숙한, 어린

DAY 079

You left me on read.

네가 나 읽씹했잖아.

'leave someone on read'는 '누군가를 읽은 상태로 두다'라는 의미로, 우리말의 은어로 '읽씹하다'라고 외우면 됩니다. 여기서 주의할 점은 read가 과거분사이므로 [뤼드]가 아닌 [뤠드]로 발음을 해야 합니다.

TODAY'S SCRIPT

I texted you a couple days ago, and you left me on read. I know we're not on good terms right now. Our last conversation didn't go the way I hoped. Maybe you're still upset about it. Maybe you are just busy. Either way, I'm hoping we can make time to work through things. I really believe that we can get past this disagreement. We both need to put in a little effort. I'll be waiting to hear back from you.

내가 며칠 전에 너한테 문자했는데 읽씹했더라. 우리가 지금 사이가 좋지 않은 건 나도 알아. 우리가 나눈 마지막 대화가 내가 바라던 대로 진행되지는 않았어. 어쩌면 네가 아직 그걸로 화가 나 있을지도 모르겠다. 아니면 그냥 바쁜 것일 수도 있고. 어떤 이유든 간에 우리가 시간을 내서 이 문제를 함께 해결했으면 해. 난 진심으로 우리가 이 불화를 극복할 수 있다고 믿어. 둘 다 약간의 노력만 기울이면 돼. 네 답변을 기다릴게.

KEY EXPRESSIONS

1 Leave (someone) on read (누군가를) 읽씹하다

I can't believe my mom left me on read. She never does that!
우리 엄마가 날 읽씹하시다니. 절대 그러시지 않는데!

Sorry I left you on read. I forgot to reply.
읽씹해서 미안해. 답장하는 걸 까먹었어.

2 Be on good terms 사이가 좋다

I'm on good terms with all my classmates.
나는 반 친구들 모두와 사이가 좋아.

My mom and dad are not on good terms right now.
지금 우리 엄마 아빠의 사이가 안 좋아.

3 Make time to ~ ~할 시간을 내다

Let's make time to exercise. We need to stay healthy.
우리 운동할 시간을 내자. 건강을 유지해야지.

Can you make time to go on a family trip?
우리가 가족 여행을 갈 시간을 낼 수 있을까?

4 Hear from ~ ~로부터 소식을 듣다, 답장을 받다, 연락을 받다

I haven't heard from Jessica in a while. How is she?
한동안 제시카 소식을 못 들었네. 잘 지낸대?

I look forward to hearing from you.
당신의 답장을 기대하겠습니다.

WORDS

text 문자를 보내다 conversation 대화 hope 바라다 maybe 아마, 어쩌면 either way 어찌됐든 work through 해결하다 get past 극복하다 disagreement 불화, 의견 불일치 put in effort 노력을 기울이다

DAY 080

I binge-watched the series.

나 그 시리즈를 정주행했어.

binge는 단시간에 무언가를 몰아서 하는 것을 의미합니다. 보통 폭식, 폭음, 쇼핑, 몰아서 TV 보기 등을 얘기할 때 사용되는데, 구체적으로 얘기할 때에는 'binge-eating(폭식)', 'binge-watching(몰아서 정주행하기)'이라고 합니다.

TODAY'S SCRIPT

The doctor said to take a week off from work after my hernia surgery. I'm glad I took his advice. I couldn't move around after the surgery. For the entire week, I was basically glued to my couch. There was nothing else to do than watch TV. I gave "Breaking Bad" a try, because my friend had said it was fun. It turns out he was absolutely right. I binge-watched the entire series in a week. Thanks to that, it was a week well spent.

의사 선생님이 나에게 탈장 수술 이후에 일주일 동안 휴가를 내라고 말씀하셨어. 그 조언을 듣기를 잘했지. 수술 이후에 움직이지를 못하겠더라고. 일주일 내내 소파에 찰싹 붙어 있다시피 했어. TV 보는 것밖에 할 게 없었거든. 친구가 '브레이킹 배드'가 재밌다고 해서 한번 틀어 봤어. 걔 말이 정말 맞았어. 일주일 안에 전체 시리즈를 정주행했다니까. 덕분에 보람찬 한 주를 보냈지.

KEY EXPRESSIONS

1 Take (a period) off (어떤 기간만큼) 휴가를 내다, 쉬다

I'm going to take today off. I am too sick to work.
나 오늘 휴가를 낼 거야. 일을 하기에는 몸이 너무 안 좋아.

Are you taking next week off to go visit your parents?
부모님을 뵈러 가려고 다음 주에 휴가 내는 거야?

2 Take (one's) advice (누군가의) 조언을 받아들이다

You should always take your parents' advice.
부모님의 조언은 항상 받아들이는 게 좋을 거야.

You don't have to take my advice, but hear me out first.
내 조언을 받아들이지 않아도 되니까 일단 내 말을 들어 봐.

3 Binge 한꺼번에 몰아서 하기

You should stop binge-eating every night. It's bad for your health.
너 밤마다 폭식하는 거 그만해야 해. 건강에 안 좋아.

I binge-watched your videos on Youtube!
네 유튜브 영상 다 정주행했어!

4 Thanks to ~ ~ 덕분에

I was able to finish the project in time thanks to you.
네 덕분에 프로젝트를 시간 내에 끝낼 수 있었어.

Thanks to my parents, I had a great childhood.
부모님 덕분에 난 좋은 어린 시절을 보냈어.

WORDS

hernia 탈장 surgery 수술 advice 조언 move around 돌아다니다 entire 전체의, 온
basically 기본적으로 be glued to ~ ~에 들러붙다 couch 소파 series 연속, 시리즈

DAY 081

He is down-to-earth.

그는 허세가 없어.

'down-to-earth'는 '땅에 붙어 있는'이라는 의미로, 사전에는 '현실적인', '견실한'이라고만 되어 있습니다. 실생활에서는 가식이나 허세가 없고, 털털하고 합리적이며 현실적인 사람을 표현할 때 쓰는 말로, 주로 칭찬으로 사용합니다.

TODAY'S SCRIPT

I just got back from the date you set me up on. I can't thank you enough. He's really cool, and we immediately hit it off. We talked for hours because we had a lot in common. What I like about him the most is that he is down-to-earth. He appreciates the simple things in life. I have similar values, so this is attractive to me. I hope this goes well. I'll let you know how it goes!

네가 소개해 준 분과 데이트하고 방금 돌아왔어. 너한테 정말 고마워. 진짜 멋진 분이고, 우리는 처음부터 잘 맞았어. 공통점이 진짜 많아서 몇 시간 동안 대화를 나눴어. 가장 마음에 들었던 점은 허세가 없다는 건데, 삶에서 소소한 것들을 소중히 여기는 분이더라고. 나도 비슷한 가치관이 있어서 이게 매력적으로 느껴져. 이 분과 잘 됐으면 좋겠어. 어떻게 진행되는지 알려 줄게!

KEY EXPRESSIONS

1 Get back from ~ ~에서 돌아오다

I heard you got back from your trip! How was it?
너 여행에서 돌아왔다고 들었어! 어땠어?

When are you getting back from the gym?
헬스장에서 언제 돌아올 예정이야?

2 Have in common 공통점이 있다

What do you and I have in common?
너랑 나의 공통점이 뭐가 있을까?

I don't think we have anything in common.
우리는 공통점이 하나도 없는 것 같아.

3 Be down-to-earth 허세가 없다, 현실적이다, 털털하다

He looks cocky, but he is very down-to-earth.
그는 되게 건방질 것 같은데, 사실 허세 없이 매우 털털해.

All of my friends are down-to-earth like I am.
내 친구들은 전부 나처럼 털털해.

4 Hope ~ go well ~가 잘 되길 바라다

Hope your studying goes well!
너 공부 잘 되기를 바랄게!

Hope your business goes well!
네 사업이 잘 되길 바라!

WORDS

date 데이트 set up 주선하다 immediately 바로 hit it off 잘 맞다, 통하다 common 공통적인 appreciate 감사해하다 simple 단순한 similar 비슷한 value 가치관 attractive 매력적인

DAY 082

I'm doomed.

난 망했어.

doom은 '불행한 결말 또는 파멸을 맞다'라는 의미로, 이 표현은 "나 망했어."라고 얘기하듯이 어떤 상황에서 큰일이 났다 싶을 경우 일상에서 가볍게 사용할 수 있는 표현입니다. 같은 의미로 "I'm screwed."도 기억해 주세요.

TODAY'S SCRIPT

I had to catch an early morning flight for a business trip. It involved a crucial meeting. People at work were relying on me to bring good news. At the airport, I waited in line to check in. When it was my turn, I panicked because I couldn't find my passport. I thought to myself, "I'm doomed." Fortunately, my sister was home and came to my rescue. She rushed to the airport just in time. It was certainly a nerve-wracking experience.

나는 출장 때문에 이른 아침에 비행기를 타야 했어. 중요한 회의에 참석하는 거여서 회사 사람 모두가 내게 좋은 소식을 가져오기를 기대하고 있었어. 공항에서 체크인을 하기 위해 줄을 서서 기다렸어. 내 차례가 됐는데, 여권을 못 찾아서 패닉에 빠져 버렸어. 그때 "망했다."라고 생각했지. 다행히 누나가 집에 있어서 날 살려 주러 왔어. 겨우 시간 안에 공항에 헐레벌떡 와 줬지. 정말 긴장되는 경험이었어.

KEY EXPRESSIONS

1 Rely on ~ ~에 의지하다, 의존하다

I rely on my alarm to wake me up.
나는 일어날 때 알람에 의존해.

I rely on navigation when driving.
나는 운전할 때 내비게이션에 의존해.

2 Be doomed 큰일 났다, 망했다

You're not doomed. You have another chance.
너 망하지 않았어. 아직 기회가 한 번 더 있잖아.

I think I'm doomed. I made a big mistake.
나 큰일 난 것 같아. 큰 실수를 저질렀어.

3 Rush to ~ ~로 헐레벌떡 가다, 서둘러 가다

I rushed to the hospital when I felt pain in my stomach.
배에 통증이 느껴졌을 때 난 병원으로 달려갔어.

I woke up late, so I rushed to school.
난 늦게 일어나서 학교에 헐레벌떡 갔어.

4 Nerve-wracking 긴장되는, 초조한

I'm waiting for my test results. It's nerve-wracking.
나 시험 결과를 기다리는 중이야. 긴장된다.

I'm moving to a new city. It's exciting but also nerve-wracking.
나 새로운 도시로 이사 가는데, 신나면서도 긴장돼.

WORDS

catch a flight 비행기를 타다 business trip 출장 crucial 중요한 in line 줄을 서서 check in 체크인하다 panic 패닉에 빠지다 fortunately 다행히 rescue 구출, 구조 just in time 딱 시간에 맞춰

DAY 083

It's going viral!

떡상하고 있어!

viral이라는 단어는 '바이러스'에서 유래된 단어로, 바이러스처럼 잘 퍼지고 전염되는 현상을 일컫습니다. 요즘 같은 알고리즘의 시대에 어떤 콘텐츠가 급격히 인기가 많을 때 은어로 '떡상한다'라고 하는데, 이처럼 빠르게 확산된다는 의미로 이 단어를 씁니다.

TODAY'S SCRIPT

I've always been skilled at doing makeup. I thought it would be fun to share my makeup tips on Youtube. I filmed a short video and uploaded it yesterday. Since it was my first video, I didn't have high expectations. But this morning when I checked my phone, I couldn't believe my eyes. Overnight, my video got 20,000 views. I'm checking every hour, and the view count is still going up. It's going viral!

나는 언제나 메이크업에 소질이 있었거든. 그래서 유튜브에 메이크업 꿀팁을 공유하면 재미있을 것 같아. 어제도 짧은 영상을 찍고 업로드했어. 첫 영상이다 보니 큰 기대는 안 했어. 근데 오늘 아침에 핸드폰을 확인했는데, 내 눈을 의심했어. 하룻밤 사이에 조회수 2만 뷰를 찍었더라고. 지금도 매시간마다 확인하는데, 여전히 조회수가 올라가고 있네. 떡상하고 있어!

KEY EXPRESSIONS

1 Be skilled at ~ ~에 소질이 있다

I'm skilled at cooking.
난 요리에 소질이 있어.

I'm not skilled at driving though.
난 운전에는 소질이 없어.

2 Have expectations 기대하다

People have big expectations for the new iPhone.
새로 출시되는 아이폰에 대해 사람들이 큰 기대를 갖고 있다.

I have low expectations for the stock market.
난 주식 시장에 대한 기대가 낮아.

3 I can't believe ~ ~를 믿지 못하다, 믿기지 않는다

I can't believe the weather! It's perfect for a walk.
날씨가 믿기지가 않네! 산책하기 딱 좋다.

I can't believe the news! Who told you that?
그 소식이 믿기지가 않는다! 누구한테 들은 건데?

4 Go viral 입소문이 나다, 떡상하다

Did you see that show that went viral on Netflix?
넷플릭스에서 입소문 난 그 프로그램 봤어?

Psy's song, 'Gangnam Style,' went viral in 2012.
2012년도에 싸이의 노래 '강남 스타일'이 떡상했었어.

WORDS

makeup 화장 share 공유하다 tip 꿀팁, 조언 upload 업로드하다 check 확인하다
overnight 밤사이에 view count 조회수 go up 오르다, 상승하다

DAY 084

She ghosted me.

걔가 잠수를 탔어.

ghost는 '유령'이라는 뜻인데, 이 표현에서는 동사로 사용해서 '유령처럼 사라지다', 즉 '잠수를 타다'라는 의미를 갖습니다. 누군가가 연락을 하던 중에 갑자기 연락이 끊기거나 잠수를 탄다면 이 표현을 떠올려 보세요.

TODAY'S SCRIPT

I'm really disappointed right now. You remember that girl I've been texting with? Well, I fell for her the moment I saw her. I went up to her and asked for her number. We started texting that day, and it felt like we were hitting it off. So, I decided to take the next step and asked her out on a date. I asked what day was good for her. But out of nowhere, she disappeared and never responded. I still can't believe she ghosted me.

나 지금 너무 실망스러워. 내가 문자를 주고받던 여자 분 기억나지? 아, 난 그녀를 보자마자 반했거든. 그래서 바로 그녀에게 다가가서 번호를 물어봤어. 그날 우리는 문자를 주고받기 시작했고, 대화가 잘 통한다고 느꼈어. 그래서 나는 한 발 더 나아가 데이트 신청을 했어. 어떤 날이 좋은지 물어봤는데, 갑자기 사라지더니 답장을 하지 않더라고. 지금까지도 그녀가 잠수를 탔다는 게 믿겨지지 않아.

KEY EXPRESSIONS

1 Fall for (someone) (누군가에게) 반하다, 푹 빠지다

I fell for a guy I met at a café.
나 카페에서 만난 남자에게 반해 버렸어.

I think I'm falling for you.
난 너에게 푹 빠지고 있는 것 같아.

2 ask (someone) out (누군가에게) 데이트를 신청하다

Do you mind if I ask your sister out?
혹시 내가 네 여동생에게 데이트 신청을 해도 괜찮을까?

I asked him out, but he turned me down.
그에게 데이트를 신청했다가 거절당했어.

3 Out of nowhere 느닷없이, 갑자기

You scared me. You came out of nowhere.
너 때문에 놀랐잖아. 갑자기 나타나다니.

He asked me a random question out of nowhere.
그가 느닷없이 나에게 엉뚱한 질문을 하더라고.

4 Ghost (someone) (누군가를 상대로) 잠수를 타다

Are you okay? I thought you had ghosted me.
너 괜찮아? 네가 잠수 탄 줄 알았어.

I'm not sure why he ghosted me.
걔가 왜 잠수를 탔는지 확실히 알 수가 없어.

WORDS

disappointed 실망한 remember 기억하다 text with ~ ~와 문자를 하다 number 전화번호
ask out 데이트 신청하다 good for ~ ~에게 좋은 disappear 사라지다 respond 응답하다

DAY 085

I'm fed up with him.

걔 정말 지긋지긋해.

"I'm fed up."은 직역하면 신물이 날 정도로 위가 꽉 차도록 먹은 것을 의미합니다. 그 정도로 어떤 일을 참다가 "도저히 지겨워서 안 되겠다.", "지긋지긋하다.", "질린다."라고 할 때 이 표현을 사용할 수 있습니다.

TODAY'S SCRIPT

I'm taking a marketing class at my university. Our final task for this class is a group project. Once the professor assigned the groups, my group got together to divide tasks. Everyone in the group is performing well, except for this one guy. He doesn't do his job and misses our group meetings. What's even worse is that sometimes we can't reach him at all. I'm fed up with him. I need to discuss this issue with the professor.

난 대학교에서 마케팅 수업을 수강하고 있어. 이 수업의 마지막 과제로 조별 프로젝트가 있어. 교수님이 조를 배정해 주시자마자 우리 조는 모여서 업무를 나눴어. 조원들이 다 잘해 주고 있는데 한 사람이 문제야. 그는 자기가 맡은 일을 끝내지도 않고 조 회의도 빼먹어. 더 심각한 건 가끔 전혀 연락이 안 될 때가 있어. 너무 지긋지긋해서, 이 문제는 교수님과 논의해 봐야 할 것 같아.

KEY EXPRESSIONS

1 Take a class 수업을 수강하다

Do you want to take this class with me?
나랑 이 수업 같이 수강할래?

I am taking six classes this semester.
이번 학기에는 여섯 개의 강의를 수강하고 있어.

2 Do (one's) job (누군가가) 맡은 일을 하다

I can't do your job for you.
내가 널 대신해서 네 일을 해 줄 수는 없어.

If we do our job, we'll all get promoted.
우리가 맡은 일을 한다면 우리 모두 승진할 수 있어.

3 Reach someone ~와 연락이 닿다

Where were you? I couldn't reach you at all.
어디에 있었어? 너랑 연락이 전혀 안 됐어.

I was able to reach the person in charge.
담당자랑 연락이 겨우 닿았어.

4 Be fed up with ~ ~에 진저리가 나다, 지긋지긋하다

I'm fed up with your lies.
네 거짓말이 이제 지긋지긋하다.

I'm fed up with living in New York.
뉴욕에 사는 게 이제 지겨워.

WORDS

marketing 마케팅 university 대학교 task 일, 과제, 업무 assign 지정하다 get together 모이다 divide 나누다 perform 수행하다, 실시하다 except for ~를 제외하고 miss 빼먹다 worse 더 심한, 더 나쁜 discuss 의논하다

DAY 086

Fingers crossed!

행운을 빌어!

미국에서는 검지와 중지를 꼬는 동작은 행운을 빌어 주는 의미가 있습니다. 그래서 행운을 빌 때 '손가락을 꼬았다'라는 표현을 사용합니다. 상대방을 응원할 때도 사용하지만 스스로 행운을 빌 때에도 많이 사용합니다.

TODAY'S SCRIPT

I applied for a study abroad program in California. I heard the competition is tough this year. Out of fifty applicants, only five will be selected. I'm nervous because I desperately want this opportunity. I'm excited to experience a new culture and learn the language. California has always been my dream destination. The results will be announced soon. Fingers crossed that I get selected!

나 캘리포니아 교환 학생 프로그램에 지원했어. 올해 경쟁이 치열하다고 들었는데, 50명의 지원자 중에 단 5명만 선발될 거라고 하더라. 나는 이 기회를 간절히 원하기 때문에 긴장이 되네. 새로운 문화를 경험하고 언어를 배울 수 있다는 생각에 신이 나. 게다가 캘리포니아는 평생 내 꿈의 여행지였거든. 결과가 곧 발표되는데, 내가 뽑히기를 행운을 빌어 줘!

KEY EXPRESSIONS

1 Apply for ~ ~에 지원하다

Are you applying for the job in marketing?
마케팅 부서 직책에 지원할 거야?

You need a good GPA to apply for the scholarship.
장학금을 신청하려면 성적이 좋아야 해.

2 I heard ~ ~라고 들었어

I heard you were new to this neighborhood.
이 동네에 이사 오신 지 얼마 안 됐다고 들었어요.

I heard they are finally getting married!
걔네 드디어 결혼한다고 들었어!

3 Out of ~ ~ 중에

I think the movie was 10 out of 10.
그 영화는 10점 만점에 10점이었다고 생각해.

Out of everybody in the room, you stood out.
방에 있는 모든 사람 중에 네가 눈에 띄었어.

4 Fingers crossed 행운을 빌어

Is your exam today? Fingers crossed!
오늘이 시험이야? 행운을 빌어!

I hope I can finish the marathon. Fingers crossed!
부디 마라톤 완주를 할 수 있길!

WORDS

competition 경쟁 tough 센, 치열한 applicant 지원자 nervous 긴장된 desperately 간절히 opportunity 기회 excited 신난 destination (여행) 목적지 result 결과 announce 발표하다

DAY 087

I'm dead serious.

나 진짜 진지해.

dead는 구어체로 '완전히', '진짜로'라는 의미입니다. 내가 하고 싶은 말을 아주 강하게 강조할 때 사용됩니다. 그래서 "I'm dead serious."라고 하면 매우 진지하고 심각하다고 말하는 것입니다.

TODAY'S SCRIPT

I've made a commitment to wake up at 5 AM every day. I'm starting tomorrow morning. I know I've said this countless times before. But this time, I'm not joking around. I'm dead serious about it. I want to try out the Miracle Morning routine to improve my mornings. Lately, I've been feeling groggy and unmotivated. It's been affecting all aspects of my life. I have high hopes for this routine, because it's supposed to allow more energy and focus.

나는 매일 아침 5시에 일어나기로 결심했어. 내일 아침부터 시작할 거야. 이 말을 수없이 한 건 아는데, 이번에는 농담이 아니야. 진짜 진지해. 나는 내 아침 생활을 향상시키기 위해 미라클 모닝 루틴을 한번 시도해 보려고 해. 최근에 난 피곤하고 마음이 무거운 느낌을 많이 받았어. 이 감정이 내 삶의 모든 측면에 영향을 주고 있어. 근데 이 루틴은 더 많은 에너지와 집중력을 주는 것으로 알려져 있어서 기대가 커.

KEY EXPRESSIONS

1 Be dead serious 매우 진지하다

Are you dead serious about going camping?
너 캠핑 가자고 한 거 진짜 진지하게 하는 말이야?

Would you stop laughing? I'm dead serious right now.
그만 비웃어 줄래? 나 지금 완전 진지해.

2 Try out 시도해 보다

I want to try out the new flavor.
난 새로 나온 맛 한번 먹어 볼래.

Should we try out the new gym?
우리 그 새로 생긴 헬스장에 가 볼까?

3 Have high hopes for ~ ~을 향한 기대가 크다

I have high hopes for this exam. I studied really hard.
나 이 시험에 대한 기대가 커. 진짜 열심히 공부했거든.

Do you have high hopes for the World Cup?
너 월드컵에 대한 기대가 커?

4 Be supposed to ~ 흔히 ~라고 알려져 있다

New York is supposed to have high living costs.
뉴욕은 물가가 비싼 것으로 흔히 알려져 있다.

Do you want to watch this movie? It's supposed to be good.
이 영화 한번 볼래? 명작으로 알려져 있어.

WORDS

make a commitment 결심하다 countless 무수한 joke around 농담하다 routine 루틴 improve 향상시키다 lately 최근에 groggy 처지는 unmotivated 동기가 없어서 마음이 무거운 affect 영향을 주다 aspect 관점

DAY 088

Review Quiz

DAY 078~ 087

01 **Did my joke ______________?**

내 농담 때문에 민망했어?

02 **Tomorrow's my graduation. It's ______________.**

내일이 졸업식이야. 시원섭섭하네.

03 **Sorry I left you ______________. I forgot to reply.**

읽씹해서 미안해. 답장하는 걸 까먹었어.

04 **I ______________ your videos on Youtube!**

네 유튜브 영상 다 정주행했어!

05 **You don't have to ______________, but hear me out first.**

내 조언을 받아들이지 않아도 되니까 일단 내 말을 들어 봐.

06 **All of my friends are ______________ like I am.**

내 친구들은 전부 나처럼 털털해.

07 **You're not ______________. You have another chance.**

너 망하지 않았어. 아직 기회가 한 번 더 있잖아.

08 **I ______________ my alarm to wake me up.**

나는 일어날 때 알람에 의존해.

09 **Did you see that show that ______________ on Netflix?**

넷플릭스에서 입소문 난 그 프로그램 봤어?

10 **I'm not sure why he ______________ me.**

걔가 왜 잠수를 탔는지 확실히 알 수가 없어.

11 **You scared me. You came ______________.**

너 때문에 놀랐잖아. 갑자기 나타나다니.

12 **I'm ______________ your lies.**

네 거짓말이 이제 지긋지긋하다.

13 **Is your exam today? ______________!**

오늘이 시험이야? 행운을 빌어!

14 **I think the movie was 10 ______________ 10.**

그 영화는 10점 만점에 10점이었다고 생각해.

15 **Are you ______________ about going camping?**

너 캠핑 가자고 한 거 진짜 진지하게 하는 말이야?

정답 **01.** make you cringe **02.** bittersweet **03.** on read **04.** binge-watched **05.** take my advice **06.** down-to-earth **07.** doomed **08.** rely on **09.** went viral **10.** ghosted **11.** out of nowhere **12.** fed up with **13.** Fingers crossed **14.** out of **15.** dead serious

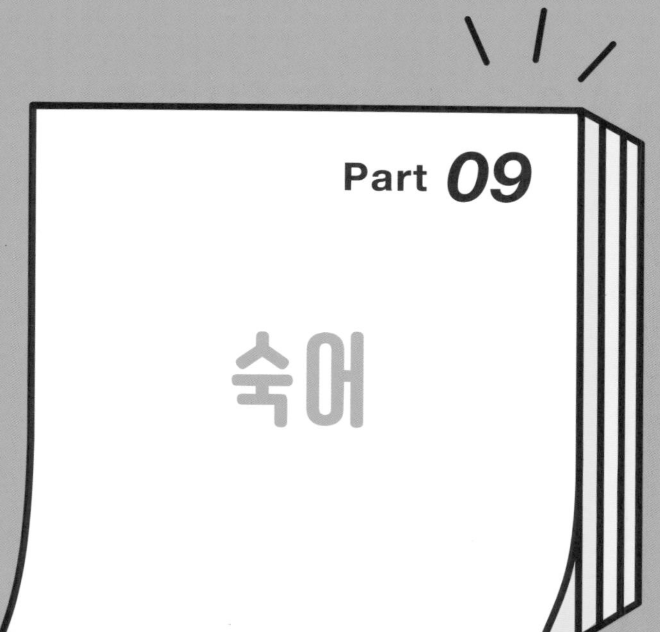

Part 09

숙어

DAY 089

We see eye to eye.

우린 마음이 잘 맞아.

이 표현은 '서로의 눈을 마주보다'라는 의미로, 완벽히 의견이나 마음이 일치할 때 사용합니다. 반대로 의견이 불일치할 때에는 부정문으로 만들어 "We don't see eye to eye." 라고 할 수 있습니다.

TODAY'S SCRIPT

My girlfriend and I decided to get married next year. We've been dating for five years now. I've got to know her better over these years. I believe we would make a great lifelong companion. I love her to death, and I know that she loves me dearly. Our families get along really well, too. Most importantly, we see eye to eye on pretty much everything. We have the same beliefs, values, and goals in life. I'm grateful for her.

내 여자 친구와 나는 내년에 결혼하기로 했어. 우린 이제 연애한 지 5년 됐는데, 이 시간 동안 그녀를 더 잘 알게 되었고, 우리는 평생의 동반자로 서로 완벽할 거라고 믿어. 나는 그녀를 무척 사랑하고, 그녀도 나를 엄청 사랑한다는 것을 알고 있어. 무엇보다 가족들끼리 아주 잘 지내. 가장 중요한 건, 우리는 거의 모든 것에 대해 마음이 잘 맞아. 우리는 삶의 신념, 가치, 목표가 동일하거든. 그녀가 내 인생에 들어와 있다는 게 정말 감사해.

KEY EXPRESSIONS

1 Date for ~ ~ 동안 연애하다

I dated her for a little less than a year.
난 그녀와 1년 좀 안 되게 연애했어.

We've been dating for more than three years.
우린 연애한 지 3년 이상 되었다.

2 Get along 잘 지내다, 사이가 좋다

We've been getting along. We rarely fight.
우린 사이좋게 지내고 있어. 거의 안 싸워.

I don't get along with my coworkers.
난 내 직장 동료들과 사이가 안 좋아.

3 See eye to eye 마음이 잘 맞다

It's hard to talk to people you don't see eye to eye with.
마음이 잘 안 맞는 사람들과 대화를 나누는 건 어렵다.

We see eye to eye on this topic.
우리는 이 주제에 대해 마음이 잘 맞아.

4 Be grateful for ~ ~를 고맙게 생각하다

I'm grateful for your advice.
너의 조언을 고맙게 생각해.

You should be grateful for your parents.
부모님의 존재를 고맙게 생각해야 해.

WORDS

decide 결정하다 date 연애하다 lifelong 평생의 companion 동반자 to death 죽도록, 끔찍히 dearly 대단히, 몹시 pretty much 거의 belief 신념 value 가치 goal 목표

DAY 090

It's still up in the air.

아직 미정이야.

'up in the air'은 '공중에 떠 있는'이라는 의미로, 무언가를 아직 확실하게 결정하기 전인 막연한 상태를 의미합니다. 생각들이 자리 잡지 못하고 허공에 둥둥 떠다니는 것을 상상하면 기억하기가 쉽습니다.

TODAY'S SCRIPT

I lost my job last month. There was a big layoff in the company. Since then, my focus has been on getting another job. I took some time to revise and update my résumé. Then, I looked into job opportunities. I've submitted applications to more than ten companies so far. Unfortunately, I have not heard back from any company yet. I don't know if I'll get a job by this month. It's still up in the air.

나 지난달에 일자리를 잃었어. 회사에서 대규모 감원이 있었거든. 그 이후로 나는 다시 일자리를 구하는 데에 집중하고 있어. 시간을 좀 들여서 이력서를 수정하고 업데이트한 다음, 일자리를 알아 봤어. 지금까지 10개 이상의 회사에 지원서를 제출한 것 같아. 안타깝게도 아직 어떤 회사로부터도 연락을 받지 못했어. 이번 달 안에 일자리를 구할 수 있을지 모르겠어. 아직 미정이야.

KEY EXPRESSIONS

1 My focus is on ~ 나는 ~에 집중하고 있어

My focus is on losing weight.
나는 살 빼는 데에 집중하고 있어.

My focus is on my family, not my job.
나는 내 일이 아닌 내 가정에 집중하고 있어.

2 Take time 시간이 걸리다, 천천히 하다

Take your time. We're not in a rush.
천천히 해. 급하지 않아.

Let's take some time to plan the next step.
우리 천천히 다음 단계를 계획하자.

3 Look into ~ ~을 알아 보다

Can you look into available houses in this neighborhood?
이 동네에 매물 나온 집 좀 알아 봐 줄래?

I looked into some options for you.
너를 위해 몇 가지 선택권을 알아 봤어.

4 Up in the air 미정인, 미지수인

My promotion is up in the air.
내 승진 여부는 미지수야.

My travel plans are up in the air.
내 여행 계획은 미지수야.

WORDS

lose job 실직하다 layoff 해고 revise 수정하다 update 업데이트하다 résumé 이력서 job opportunity 취업 기회, 일자리 submit 제출하다 application 지원서 so far 지금까지, 여태

DAY 091

It's a game-changer.

그게 신의 한 수네.

'game-changer'는 '게임의 판도를 뒤엎는 사람이나 생각'을 의미하기 때문에 '변수', '전환점'이라는 사전적 의미를 갖습니다. 가장 자연스럽게는 '신의 한 수'로 해석할 수 있습니다. 어떤 결과를 이루는 데에 결정적인 역할을 한 대상에 대해 이렇게 얘기할 수 있습니다.

TODAY'S SCRIPT

I have been working from home ever since COVID. Recently, I purchased a standing desk for my home office. Let me tell you, it's been a game-changer! I used to have chronic neck and back pains from sitting at my desk for too long. But now with the new desk, I can stand up and work, which helps me to stretch my body. I am already experiencing much less pain. Now that I hurt less, I am able to better focus on my work. It's safe to say this new desk has entirely changed my work life.

코로나 시기 이후로 나는 계속해서 집에서 일하고 있는데, 최근에 내 집 사무실에 놓을 스탠딩 데스크를 구입했거든. 들어 봐, 이게 신의 한 수였어! 예전에는 너무 오랜 시간 책상에 앉아 있어서 목과 등에 만성 통증이 있었거든. 근데 이 새 책상은 내가 일어서서 일할 수 있으니까 몸을 펼 수가 있어. 벌써 통증이 훨씬 덜 해. 이제 덜 아프니까 일에 더 집중할 수 있어. 새 책상이 내 업무 일상을 완전히 바꿔 놓았다고 해도 과언이 아니야.

KEY EXPRESSIONS

1 Work from home 재택근무를 하다

Do you work from home?
재택근무하세요?

Companies don't favor employees working from home.
회사 입장에서는 직원들이 재택근무하는 걸 안 좋아해.

2 A game-changer 전환점, 신의 한 수

Have you tried this device? It's a game-changer.
이 기계 혹시 써 봤어? 신의 한 수네.

His free throw was a game-changer.
그의 자유투가 신의 한 수였어.

3 Help me to ~ 나를 ~할 수 있게 도와주다

Sleep masks help me to sleep better.
수면 안대는 내가 더 잘 잘 수 있게 도와줘.

My planner helps me to live more productively.
내 플래너는 내가 좀 더 생산적으로 살 수 있게 도와줘.

4 It's safe to say ~ ~라고 해도 과언이 아니다

It's safe to say we are family. We are that close.
우린 가족이라고 해도 과언이 아니야. 그 정도로 가까워.

It's safe to say this is the artist's best work by far.
이게 그 예술가의 작품 중 최고라고 해도 과언이 아니야.

WORDS

ever since ~이후로 recently 최근에 purchase 구매하다 chronic 만성적인 pain 통증
stand up 일어서다 experience 겪다, 느끼다 hurt 아프다 focus 집중하다 change 바꾸다

DAY 092

It caught me off guard.

예상하지 못했어.

'off guard'는 '무방비'라는 의미이고, 'catch someone off guard'라고 하면 '무방비 상태일 때 누구를 잡다', '허를 찌르다'라는 의미가 됩니다. 다시 말해 어떤 일을 예상하지 못해서 놀랍고 당황스럽기까지 할 때 사용하기 좋은 표현입니다.

TODAY'S SCRIPT

I heard the news that you are moving away. That was so unexpected. It completely caught me off guard. Over the years, we've made so many good memories here. It feels like the end of an era. Although I'm sad about the distance, I'm truly excited for this new chapter in your life. I wish you all the best. Just promise me you'll always keep in touch.

너 이사 간다는 소식 들었어. 전혀 예상하지 못해서 좀 당황스러웠어. 그동안 우리가 여기서 좋은 추억을 많이 쌓았는데, 한 시대가 끝난 것 같은 느낌이 들어. 이제 물리적인 거리가 생겨 슬프긴 하지만, 네 인생의 새로운 장을 진심으로 응원해. 행운이 가득하길 바라고, 항상 연락하고 지낼 거라고 약속해 줘.

KEY EXPRESSIONS

1 Catch off guard 허를 찌르다, 예상하지 못하다

I was caught off guard with your question.
네 질문을 예상하지 못해서 좀 당황스러웠어.

I don't like to be caught off guard.
난 예상하지 못하는 상황을 좋아하지 않아.

2 The end of an era 인생의 한 파트의 끝, 한 시대의 끝

We broke up. It's like the end of an era.
우리 헤어졌어. 인생의 한 파트가 끝난 느낌이야.

I quit my job that I had for ten years. It's like the end of an era.
난 10년 동안 다닌 회사를 퇴사했어. 인생의 한 파트가 끝난 느낌이야.

3 Be excited for ~ ~이 매우 기대된다

I'm excited for our trip to Las Vegas!
라스베이거스로 떠나는 여행이 너무 기대돼!

I'm excited for my birthday this weekend.
이번 주말에 있는 내 생일이 너무 기대돼.

4 Keep in touch 연락하고 지내다

Don't worry, mom. I'll keep in touch.
엄마, 걱정하지 마세요. 연락드릴게요.

Do you keep in touch with Charles?
너 찰스와 연락하고 지내?

WORDS

news 소식, 뉴스 move away 이사 가다 unexpected 예상하지 못한 over the years 수년간 memories 추억, 기억 although ~하지만 distance 거리 new chapter 새로운 장 promise 약속하다

DAY 093

It slipped my mind.

깜빡했어.

slip은 '미끄러지다', '빠져나가다'라는 의미로, '미끄러운'이라는 뜻의 형용사 slippery로도 많이 사용됩니다. "It slipped my mind."를 해석하면 "내 생각에서 미끄러져 빠져나갔다."가 되어 무언가를 "깜빡했다."라는 의미로 사용합니다.

TODAY'S SCRIPT

I had promised my kids that we'd make homemade pizza today after school. Our pantry was empty, so my plan was to go grocery shopping while they were in school. However, something came up at work, so I had to run to the office. When I got home, my kids were all excited and ready. That's when I realized I had forgotten to get the pizza ingredients. It completely slipped my mind! Thankfully, my kids were cool about it. We rescheduled our pizza day for tomorrow.

난 우리 아이들과 오늘 학교 끝나고 집에서 피자를 만들기로 약속했어. 팬트리가 비어 있길래 애들이 학교에 있는 동안 장을 보려고 했지. 근데 회사에 급한 일이 생겨서 갑자기 사무실에 가게 된 거야. 집에 돌아오니 애들은 신나서 준비를 다 마쳤더라고. 그제야 내가 피자 재료를 사 오는 걸 잊었다는 걸 깨달았어. 완전히 깜빡한 거지! 다행히 애들은 괜찮다고 했고 우리는 내일 피자를 만들기로 일정을 바꿨어.

KEY EXPRESSIONS

1 My plan is to ~ 내 계획은 ~하는 거야

My plan is to exercise after work.
내 계획은 퇴근 후에 운동하는 거야.

My plan is to meal prep for the whole week.
내 계획은 한 주 동안 먹을 걸 미리 만들어 놓는 거야.

2 Something comes up 급한 일이 생기다

Sorry, I have to cancel the appointment. Something came up.
죄송하지만 예약을 취소할게요. 급한 일이 생겨서요.

Why are you in a hurry? Did something come up?
왜 이렇게 서둘러? 급한 일이라도 생겼어?

3 Slip (one's) mind (누가) 깜빡하다

How can it slip your mind? I even reminded you earlier!
어떻게 그걸 깜빡할 수가 있어? 심지어 아까 리마인드도 해 줬잖아!

Sorry I wasn't there at the meeting. It slipped my mind.
미팅에 참석하지 못해서 죄송해요. 깜빡했어요.

4 Be cool about ~ ~에 대해 개의치 아니하다, 관대하다

My boss was cool about my mistake.
직장 상사가 내 실수를 관대하게 넘어가 줬어.

I'm cool about the breakup.
난 이별에 대해 크게 개의치 않아.

WORDS

promise 약속하다 homemade 집에서 만든 after school 방과 후에 pantry 부엌 찬장
grocery shopping 장보기 urgent 긴급한 run to ~ ~로 급하게 가다 forget 잊다, 깜빡하다
thankfully 고맙게도, 다행히도 reschedule 일정을 변경하다

DAY 094

The ball is in your court.

이제 너에게 달려 있어.

테니스에서 유래된 표현으로, "(네 쪽으로 공이 넘어갔으니) 네가 칠 차례야."라는 의미에서 비롯되어 결정권을 상대방에게 넘겨 줄 때에 흔히 사용하는 표현입니다. 다만 뭘 먹을지 같은 가벼운 주제보다는 조금 더 고심해서 결정해야 하는 주제에 사용하는 경향이 있습니다.

TODAY'S SCRIPT

Thank you for taking the time to chat with me. I want to explain why I'd be a good fit for your company. I have so much to bring to the table. First, I have years of experience in the marketing field. I can use this to bring in new ideas. Also, I am very hardworking. I keep pushing until I reach my goal. If you grant me the chance to work for you, I won't let you down. I've shared all about myself. Now, the ball is in your court.

대화할 시간을 내어 주셔서 감사합니다. 제가 이 회사에 왜 적합하다고 생각하는지 설명 드리고 싶어요. 저는 회사에 많은 기여를 할 수 있어요. 먼저, 저는 마케팅 분야에서 수년간의 경력을 갖고 있습니다. 이를 통해 새로운 아이디어를 제공할 수 있을 거예요. 또한, 저는 부지런한 사람입니다. 전 목표를 달성할 때까지 끈질기게 노력합니다. 만약 회사에서 일할 기회를 주신다면, 절대 실망시키지 않을 거예요. 제 얘기는 여기까지입니다. 이제 회사의 결정만 남았어요.

KEY EXPRESSIONS

1 Be a good fit for ~ ~에 잘 맞다, 적합하다

I believe I'm a good fit for this job.
제가 이 직책의 적임자라고 생각합니다.

That actor is not a good fit for this role.
이 배역에 저 배우는 안 맞는 것 같아.

2 Bring to the table 기여하다, 제시하다

What can you bring to the table?
당신은 무엇을 기여할 수 있습니까?

I'm looking forward to the ideas you'll bring to the table.
네가 어떤 아이디어를 제시할지 기대하고 있어.

3 Let (someone) down ~을 실망시키다

I'm worried I let my parents down.
난 내 부모님을 실망시켰을까 봐 걱정돼.

I'm counting on you. Don't let me down.
난 너만 믿고 있어. 날 실망시키지 마.

4 The ball is in one's court 결정은 ~에게 달려 있다

If he proposed, the ball is in your court.
그가 프러포즈를 한 거면, 이제 너의 결정만 남아 있네.

I offered him a job. The ball is in his court now.
내가 일자리를 제안했어. 이제 그 사람의 결정만 남았지.

WORDS

chat 담소를 나누다 explain 설명하다 marketing 마케팅 field 분야 hardworking 근면성실한 keep 계속 ~하다 push 끝까지 노력하다 reach a goal 목표를 달성하다 grant 허락하다, 주다

DAY 095

I'm back to square one.

말짱 도루묵이네.

가끔 보드 게임을 하다 보면 '꽝'이 나왔을 때 원점으로 돌아가야 하는 경우를 보셨을 거예요. 게임에서의 '원점'을 보통 영어로 'square one'이라고 부릅니다. 원점으로 돌아가면 지금까지 잘해 온 것이 모두 수포로 돌아가기 때문에 '말짱 도루묵'이라는 의미를 갖게 됩니다.

TODAY'S SCRIPT

We have a paper due tomorrow. I began working on it a week ago. After sleepless nights, I managed to finish the paper today, just one day before the deadline. I sent it to my friend to proofread it. But then, he just dropped a bomb on me. He said it doesn't align with the assignment. Turns out, I had written on a completely different topic! Now I have to rewrite an entirely new paper in just one day. I'm back to square one.

내일까지 리포트를 제출해야 해. 일주일 전에 작업을 시작했거든. 여러 밤을 새운 끝에, 결국 마감일 겨우 하루 전인 오늘 마무리할 수 있었어. 친구에게 검토해 달라고 보냈는데, 방금 큰 충격을 안겨 줬어. 내가 쓴 내용이 과제와 일치하지 않는다는 거야. 알고 보니 내가 완전히 다른 주제에 대해 썼더라고! 이제 나는 단 하루 만에 완전히 새로운 리포트를 작성해야 해. 말짱 도루묵이 됐어.

KEY EXPRESSIONS

1 Manage to ~ 간신히 ~하다, 용케 ~하다

How did you manage to persuade your parents?
부모님을 어떻게 용케 설득할 수 있었어?

Although I was busy, I managed to fix you a meal.
내가 바쁘긴 했는데 그래도 용케 네 식사는 차렸어.

2 Drop a bomb 폭탄 선언을 하다, 큰 충격을 주다

She dropped a bomb. She broke up with me.
그녀가 폭탄을 터뜨렸어. 헤어지재.

I didn't expect him to drop a bomb like that.
그가 갑자기 그렇게 폭탄 선언을 할 거라고 생각을 못했어.

3 Align with ~ ~와 방향이 같다, 일치하다

It's important that your actions align with your words.
너의 행동과 말이 일치하는 것이 중요해.

I hope my schedule aligns with yours so that we can have lunch together.
점심을 같이 먹을 수 있게 내 스케줄이 네 스케줄과 일치하면 좋겠다.

4 Be back to square one 말짱 도루묵이다, 다시 원점이다

The steak is overcooked. I'm back to square one.
스테이크가 너무 익어 버려서 다시 만들어야 해.

The new employee quit yesterday. We're back to square one.
새 직원이 어제 그만뒀어. 우린 다시 원점이야.

WORDS

due ~까지인, 마감인 sleepless 잠을 안 자는 deadline 마감일 proofread 검토하다
assignment 과제 turn out 알고 보니 rewrite 다시 쓰다 entirely 완전히

DAY 096

We've come a long way.

우리는 장족의 발전을 이뤘어.

직역하면 "우리는 참 먼 길을 왔다."라는 의미로, 한참 걸려서 놀라운 성장을 이뤘을 때 사용하는 표현입니다. 누군가 장족의 발전을 이뤘을 때 한번 사용해 보세요.

TODAY'S SCRIPT

The beginning of our marriage was a challenge. We were two young, naive high school sweethearts. We were both in school with student loans and no jobs. We were living in a tiny apartment, and my parents were helping out with the rent. Ten years have passed. We are now proud homeowners, both with jobs we love. Most importantly, we're parents to our two amazing kids. We've come a long way.

우리는 결혼 초기에는 힘들었어. 우리 둘 다 어리고 순진한 고교 시절 연인이었고, 둘 다 학자금 대출이 있는데다 직업도 없는 학생이었으니까. 우린 작은 아파트에 살면서 부모님의 도움을 받아 월세를 냈어. 이제 10년이 지나서 우리는 자랑스러운 집주인이 되었고, 둘 다 좋아하는 일을 하고 있어. 가장 중요한 건 우린 귀한 두 아이의 부모야. 장족의 발전을 이뤄 냈지.

KEY EXPRESSIONS

1 Be a challenge 힘들다, 어렵다

Waking up in the morning is a challenge for me.
아침에 일어나는 게 나에겐 어려워.

Working out for more than an hour is a challenge.
한 시간 넘게 운동하는 건 힘들어.

2 Be in school 학생이다, 학교를 다니다

Are you still in school, or did you graduate?
너 아직 학교에 다녀, 아니면 졸업했어?

I'm sick of being in school. I'd rather work.
나 학교 다니는 게 너무 지겨워. 차라리 일을 하겠어.

3 Help out with ~ ~을 도와주다

Can you help me out with my homework?
나 숙제 좀 도와줄 수 있어?

I'm going to help my neighbor out with the lawn.
나는 내 이웃이 잔디를 깎는 걸 좀 도와주려고 해.

4 Come a long way 장족의 발전을 이루다, [속어] 용 되다

Our business has come a long way.
우리의 비즈니스는 장족의 발전을 이뤘다.

You have come a long way since you got married.
넌 결혼하고 진짜 사람 됐어.

WORDS

beginning 처음, 초기 challenge 난관 naive 순진한 sweetheart 연인 student loan 학자금 대출 tiny 작은 rent 월세 proud 자랑스러운 homeowner 주택 소유자

DAY 097

Don't beat around the bush.

돌려 말하지 마.

'beat around the bush'는 숲 주변만 두드려서 사냥감을 몰아내는 행위에서 유래되어, 요점만 빼 놓고 빙빙 돌려 얘기하는 걸 표현하는 숙어입니다. 따라서 이 표현은 "둘러대지 말고 바로 요점을 말해."라는 뜻으로 사용됩니다.

TODAY'S SCRIPT

Welcome to our company! I'm looking forward to working with all of you. In today's orientation, I'll be explaining our corporate culture. We believe in clear and direct communication. When something happens, come straight to us. If you make any mistakes, let us know directly. In other words, don't beat around the bush. Please feel free to come to us with anything. Let's all contribute to maintaining a transparent work environment.

우리 회사에 입사하신 것을 환영합니다! 여러분 모두와 함께 일하는 게 기대가 되네요. 오늘의 오리엔테이션에서는 저희 기업 문화를 설명하겠습니다. 저희는 명확하고 직접적인 의사소통을 중시합니다. 무슨 일이 있으면 곧바로 저희에게 알려 주세요. 실수를 한다면 직접 저희에게 알려 주세요. 다시 말해서, 돌려 얘기할 필요 없이 그 어떤 용건이든 자유롭게 말하시면 됩니다. 우리 모두 투명한 업무 환경을 유지하는 데에 기여합시다.

KEY EXPRESSIONS

1 Work with ~ ~와 함께 일하다, 협업하다

I get to work with celebrities.
난 연예인들과 함께 일할 수 있어.

Would you like to work with me?
저랑 함께 일하실래요?

2 Believe in ~ ~를 믿다

I believe in the power of love.
나는 사랑의 힘을 믿는다.

Do you believe in me?
너 나를 믿니?

3 Beat around the bush 돌려 얘기하다

Why are you beating around the bush?
왜 빙빙 돌려 얘기하는 거야?

Don't beat around the bush and get to the point.
그만 돌려 말하고 본론을 말해 봐.

4 Feel free to ~ 자유롭게 ~하다

Feel free to grab as many candies as you want.
원하는 만큼 자유롭게 사탕을 챙겨 가세요.

Feel free to come by my house anytime.
자유롭게 아무 때나 우리 집에 들러.

WORDS

welcome 환영하다 look forward to ~을 기대하다 orientation 오리엔테이션 corporate 기업 direct 직접적인 communication 의사소통 straight 바로 contribute 기여하다 maintain 유지하다 transparent 투명한 work environment 근무 환경

DAY 098

It was a blessing in disguise.

전화위복이었어.

'blessing in disguise'는 '변장한 축복', 다시 말해 겉으로 보기에는 안 좋은 일처럼 보였는데 알고 보니 축복이었다는 의미를 지니고 있습니다.

TODAY'S SCRIPT

My phone broke down, so I had to live a week without it. I was devastated at first because I couldn't imagine living without my phone. The thought of not texting my friends made me anxious. However, as the days passed, I actually got used to this new lifestyle. Without my phone, I had more time for myself. Instead of looking at social media, I read books and did a lot of self-reflection. Also, it taught me to live in the moment. It turned out to be a blessing in disguise.

내 핸드폰이 고장 나서 일주일 동안 핸드폰 없이 살았는데, 처음에는 핸드폰 없이 어떻게 사나 상상할 수조차 없어서 진짜 막막했어. 친구들과 문자를 할 수 없다는 생각만으로도 불안해질 정도였어. 근데 며칠이 지나니까 이 새로운 생활에 적응을 하게 되더라고. 핸드폰이 없으니까 나 혼자만의 시간이 더 생겼어. SNS를 보는 대신에 책도 읽고 자아 성찰을 많이 하게 되었어. 그리고 현재를 즐기는 법도 배웠어. 결국 전화위복이었지.

KEY EXPRESSIONS

1 Break down 고장 나다

My car broke down on my way to work.
출근길에 차가 고장 났어.

When did your computer break down?
컴퓨터가 언제 고장 났어?

2 Can't imagine ~ ~는 상상할 수 없다

I can't imagine life without you.
네가 없는 삶은 상상할 수조차 없어.

I can't imagine running a marathon.
마라톤 완주는 상상할 수조차 없어.

3 Get used to ~ ~에 익숙해지다

Are you getting used to fasting?
금식하는 게 익숙해지고 있어?

I got used to the noise.
그 소음에 적응했어.

4 A blessing in disguise 전화위복

Losing this job may be a blessing in disguise.
이 일을 잃는 게 어떻게 보면 축복일 수도 있어.

I'm hoping this is a blessing in disguise.
이게 전화위복이 되기를 바라.

WORDS

devastated 좌절한, 막막한 thought 생각 text 문자를 하다 anxious 긴장한, 불안한 lifestyle 생활 social media SNS, 소셜미디어 self-reflection 자아 성찰 in the moment 그 순간에 turn out ~가 되다

DAY 099

Review Quiz

DAY 089~ 098

01 **We see ________________ on this topic.**

우리는 이 주제에 대해 마음이 잘 맞아.

02 **I don't ________________ my coworkers.**

난 내 직장 동료들과 사이가 안 좋아.

03 **My promotion is ________________.**

내 승진 여부는 미지수야.

04 **His free throw was a ________________.**

그의 자유투가 신의 한 수였어.

05 **Do you ________________?**

재택근무하세요?

06 **I don't like to be ________________.**

난 예상하지 못하는 상황을 좋아하지 않아.

07 **Do you ________________ with Charles?**

너 찰스와 연락하고 지내?

08 **Sorry I wasn't there at the meeting. It ______________________**
______________________.

미팅에 참석하지 못해서 죄송해요. 깜빡했어요.

09 **If he proposed, the ball is ______________________.**

그가 프로포즈를 한 거면, 이제 너의 결정만 남아 있네.

10 **What can you bring ______________________?**

당신은 무엇을 기여할 수 있습니까?

11 **The steak is overcooked. I'm back ______________________.**

스테이크가 너무 익어 버려서 다시 만들어야 해.

12 **Our business has ______________________.**

우리의 비즈니스는 장족의 발전을 이뤘다.

13 **Why are you beating ______________________?**

왜 빙빙 돌려 얘기하는 거야?

14 **______________________ come by my house anytime.**

자유롭게 아무 때나 우리 집에 들러.

15 **I'm hoping this is a ______________________.**

전화위복이 되기를 바라.

정답 **01.** eye to eye **02.** get along with **03.** up in the air **04.** game-changer **05.** work from home **06.** caught off guard **07.** keep in touch **08.** slipped my mind **09.** in your court **10.** to the table **11.** to square one **12.** come a long way **13.** around the bush **14.** Feel free to **15.** blessing in disguise

DAY 100

Final Review

배운 내용을 상기하면서 우리말을 보고 문장을 영작한 후 큰 소리로 말해 보세요.

01 나는 아침형 인간이야. ▶ 정답은 DAY 001 확인

02 나는 사교적이야. ▶ 정답은 DAY 003 확인

03 나는 먹는 걸 좋아해. ▶ 정답은 DAY 005 확인

04 나는 집돌이[집순이]야. ▶ 정답은 DAY 006 확인

05 나는 깔끔쟁이야. ▶ 정답은 DAY 007 확인

06 나는 애견인이야. ▶ 정답은 DAY 008 확인

07 나는 비밀이 없는 사람이야. ▶ 정답은 DAY 010 확인

08 나 완전 신났어! ▶ 정답은 DAY 013 확인

09 정말 다행이다! ▶ 정답은 DAY 015 확인

10 아쉽다! ▶ 정답은 DAY 016 확인

11 그거 때문에 스트레스 받고 있어. ▶ 정답은 DAY 018 확인

12 그걸로 고생 중이야. ▶ 정답은 DAY 019 확인

13 더 이상 못 참아. ▶ 정답은 DAY 020 확인

14 제 취향은 아니에요. ▶ 정답은 DAY 024 확인

15 나는 단 걸 그렇게 좋아하지 않아. ▶ 정답은 DAY 025 확인

16 내가 즐겨 찾는 거야. ▶ 정답은 DAY 026 확인

17 그거에 빠져 있어. ▶ 정답은 DAY 028 확인

18 내가 가장 극혐하는 거야. ▶ 정답은 DAY 030 확인

19 그럴 줄 알았어. ▶ 정답은 DAY 035 확인

20 네가 결정해. ▶ 정답은 DAY 036 확인

21 잠깐 쉬어야겠어요. ▶ 정답은 DAY 037 확인

22 점점 정이 들더라고. ▶ 정답은 DAY 039 확인

23 어쩔 수 없지. ▶ 정답은 DAY 041 확인

24 우리는 말이 잘 통했어. ▶ 정답은 DAY 042 확인

25 이 음식점을 우연히 발견했어. ▶ 정답은 DAY 043 확인

26 별일 아니야. ▶ 정답은 DAY 045 확인

---

27 세상이 끝난 게 아니야. ▶ 정답은 DAY 047 확인

---

28 힘내. ▶ 정답은 DAY 049 확인

---

29 나도 겪어 봐서 알아. ▶ 정답은 DAY 051 확인

---

30 한번 해 볼 만하지. ▶ 정답은 DAY 054 확인

---

31 흰색은 언제나 옳지. ▶ 정답은 DAY 056 확인

---

32 이건 필수품이야. ▶ 정답은 DAY 058 확인

---

33 고려해 볼 만해. ▶ 정답은 DAY 059 확인

---

34 우리 같은 생각이네. ▶ 정답은 DAY 063 확인

---

35 전혀 모르겠어. ▶ 정답은 DAY 064 확인

36 항상 열려 있어. ▶ 정답은 DAY 067 확인

37 오늘은 여기까지 하자. ▶ 정답은 DAY 068 확인

38 그럴 때도 됐지. ▶ 정답은 DAY 072 확인

39 늦게라도 하는 게 낫지. ▶ 정답은 DAY 075 확인

40 난 저녁 7:30에 도착 예정이야. ▶ 정답은 DAY 076 확인

41 네가 나 읽씹했잖아. ▶ 정답은 DAY 079 확인

42 나 그 시리즈를 정주행했어. ▶ 정답은 DAY 080 확인

43 그는 허세가 없어. ▶ 정답은 DAY 081 확인

44 떡상하고 있어! ▶ 정답은 DAY 083 확인

---

45 그녀가 잠수를 탔어. ▶ 정답은 DAY 084 확인

---

46 그게 신의 한 수네. ▶ 정답은 DAY 091 확인

---

47 깜빡했어. ▶ 정답은 DAY 093 확인

---

48 말짱 도루묵이네. ▶ 정답은 DAY 095 확인

---

49 우리는 장족의 발전을 이뤘어. ▶ 정답은 DAY 096 확인

---

50 돌려 말하지 마. ▶ 정답은 DAY 097 확인

MEMO